继创者时代

中国企业成功传承新方法

杨宗岳 / 著

中华工商联合出版社

图书在版编目（CIP）数据

继创者时代/杨宗岳著．—北京：中华工商联合出版社，2017.4

ISBN 978－7－5158－1972－3

Ⅰ.①继… Ⅱ.①杨… Ⅲ.①民营企业－企业管理－研究－中国 Ⅳ.①F279.245

中国版本图书馆 CIP 数据核字（2017）第 076149 号

继创者时代

作　　者：杨宗岳
出 品 人：徐　潜
策划编辑：李红霞
责任编辑：侯景华
封面设计：周　源
责任审读：郭敬梅
责任印制：迈致红
出版发行：中华工商联合出版社有限责任公司
印　　刷：北京毅峰迅捷印刷有限公司
版　　次：2017 年 6 月第 1 版
印　　次：2017 年 6 月第 1 次印刷
开　　本：710mm×1020mm　1/32
字　　数：133 千字
印　　张：6.625
书　　号：ISBN 978－7－5158－1972－3
定　　价：48.00 元

服务热线：010－58301130
销售热线：010－58302813
地址邮编：北京市西城区西环广场 A 座
19－20 层，100044
http：//www.chgslcbs.cn
E—mail：cicap1202@sina.com（营销中心）
E—mail：gslzbs@sina.com（总编室）

谨以此书献给：

开创基业的第一代企业家和继承、创新、创业的接班者

培养“继创者”是我们的共同使命

随着老一代民营企业家年岁渐长和各类市场主体竞争环境变化，“年轻一代非公有制经济人士”“民企二代”“富二代”等概念逐渐进入人们的视野，引起社会的广泛关注。如何教育培养他们成为合格的中国特色社会主义事业建设者，正日益成为部分民营企业家思虑的“痛点”、专家学者关注的“热点”和党委政府引导的“重点”。

一、提出“继创者”概念并不是为了哗众取宠、沽名钓誉

2016 年 3 月，我受组织委托带几位同志前往上海、湖北，就年轻一代非公有制经济人士教育培养状况进行调研。我们采用一对一深度访谈、座谈的方法，对一百多名年轻一代非公有制经济人士进行了较为深入的交流沟通，以求较为全面地了解年轻一代非公有制经济人士的理想信念、心态特征、成长规律和教育培养方法等。起初在上海与几十位年轻一代非公有制经济人士交流时，只是感觉到作为“民企二代”的年轻一代对社会赋予他们的“创二代”“富二代”，乃至“负二代”等称谓有些不满，甚至有点儿反感。我们认为有必要为这些优秀的“民企二代”正名，却不知道用什么名称好。当我们调研组一行赶到武汉，又马不停蹄地与几十位年轻一代进行深度交流时，他们当中的“民企二代”对诸如“创二代”“富二代”“负二代”等称谓也表露出了同样的反感。看来，不是一两个“民企二代”对“创二代”“富二

代”“负二代”等称谓有看法。可以说，源于现实的反映，更加坚定了我们要为“民企二代”找到合适称谓的念头。访谈之余，我们到湖北省楚商发展促进会召开了一场“民企二代”座谈会。听完几位年轻人的发言后，我深深地感到，这些年轻的民营企业接班人在很好地继承父辈物质财富和创业精神的基础上，又在符合时代要求地努力创新创业。总结时，我就即兴提出，“继创者”这一概念或许更适合他们的实际。当时在会场的华中师范大学青年社会学家符平教授说，我刚才上网查了一下，“继创者”这个概念确实是个独创，就优秀的民营企业接班人来说，“继创者”这个称谓或许更恰当一些。回到北京后，我和几位从事相关研究的学者谈起“继创者”这一概念，他们都表示认可，并且很快在相关媒体上发表了有关“继创者”的系列文章，更有学者专门以“继创者改变中国经济”发表署名文章，在社会上引起了较大反响。

二、“继创者”是年轻一代非公有制经济人士这个群体的重要组成部分

年轻一代非公有制经济人士主要可以分为年轻一代接班者和年轻一代创业者两大类。随着经济发展进入新常态，移动互联网、大数据、云计算等新技术不断冲击原有的商业逻辑，以及社会转型催生人们的价值观更加多元多样多变。正是在经济形势、科学技术、社会转型等多重力量的共同作用下，产业形态、商业模式、企业经营管理等都在发生剧烈变化。伴随改革开放春风早期成长起来的一批民营企业，因其掌舵人年岁渐长，以及传统产业发展动力和企业管理活力逐渐减弱，势必要面临企业交班和企业转型的双重任务。这是中国经济代际传承与产业升级叠加期在一个个企业的具体体现。年轻一代接班者仅传承父辈的企业，固守父辈的产业模式、管理方式等，已经难以适应时代发展的需求。为确保企业生机和活力的重新焕发，他们不愿意仅仅充当父辈的“左膀右臂”，不甘心做一个简单执行者，而是会根据市场形势，在继承的基础上开拓新的产业、新的业态，发展新的商业模式，寻求新的技术突破。有的甚至会重新选择企业经营方向，放弃原先粗放式的、标准化的生产，选择面向小众和缝隙市场的精细化与个性化生产。也就是说，这些饱受舆论质疑的“二代”们或年轻一代接班者们，并不全是守成的继承者，更不是坐吃山空的“败家子”。他们当中越来越多的人，正在“双创”战略大潮的感召下，成为新的创新创业大军中的一员。这就是我们所说的“继创者”。尽管作为年轻一代非公有制经济人士群体重要组成部分的“继创者”，可能不愿承认，或者有时因为顾及“面子”而不愿面对，但是，他们在父辈的庇护或影响下，相较年轻一代创业者而言，掌握的社会资源相对较多，吃苦耐劳精神相对较弱，政治诉求相对较强，承受着能否被上一代和周边人认可的更大压力等。“继创者”在他们的职业生涯中，精神传承作为财富传承的“催化剂”，精神传承更甚于财富传承。这既包括传承父辈的艰苦奋斗精神，也包括在实践中传承和升华企业家精神，朝着更加开放、创新的方向发展。

三、“继创者”是富有生机和希望的

“继创者”大多是国家实施独生子女政策后出生的一代人，

他们大都在国外留过学，知识面较广，生活条件优越。他们独立自主，价值认同诉求强烈。总体看，“继创者”思想主流积极向上，有知识、守信用、敢创新、务实效。和众多“继创者”交流，他们提到最多的词语是责任、诚信、规范、信心、学习、冲突、认可、创新、转型、专注。从这些高频词语中，不难看出他们的所思、所想、所忧、所盼，也可以看出他们的矛盾与纠结、希冀与困惑。具体而言，在思想政治方面，国家归属感和民族认同感强，对中国发展信心足，对行政服务改善感受强烈，但对政治比较淡漠等；在价值追求方面，思维活跃，思想开放，更加多元多样，但缺乏共同的价值引领和稳定的群体精神，不喜欢传统的宣传教育方式；在经营管理方面，干劲大、理念新、执着专注、积极探索、锐意进取，倡导守法诚信，但自我存在感弱，代际矛盾突出，容易出现浮躁、急于成功、好高骛远等倾向；在履行社会责任方面，态度积极，认识理性，但强调自觉自愿；在参政议政方面，热情高、期望大，但不喜欢也不擅长处理政商关系，对政务工作和发展环境期望更高；在个人素质方面，教育背景好，学习动力强，视野较开阔，注重家族责任，但历练不足、经验缺乏，吃苦耐劳精神较差，更注重工作和生活平衡。可以看出，“继创者”就是一个复杂的“矛盾体”，他们的思想状况处在一种矛盾和纠结的复杂状态之中。一方面，他们在纠结中体现责任，在实践中求得成长，在趋势中找到希望，在价值实现中获得尊重。另一方面，他们的个人价值需要认可，代际冲突需要沟通，发展进步需要帮扶，成长成熟需要时间，学习交流需要平台，组织归属需要引导，企业转型发展需要创新。

四、“继创者”思想引导的思路

未来非公有制经济要健康发展，引导年轻一代非公有制经济人士健康成长是具有基础性作用的关键举措，也是新时期非公有制经济领域统战工作的一项重点内容。“继创者”作为年轻一代非公有制经济人士，是未来非公有制经济发展的重要引领者，也是符合社会发展潮流并推动社会发展的强大力量，他们凭借资金、技术、教育乃至人际优势，正在成为促进中国产业转型升级、提质增效的新动力。“继创者”及其主导的企业发展，固然需要得到必要的政策帮扶。但是，“继创者”的健康发展，更需要得到正确的思想引导。在开展年轻一代非公有制经济人士教育培养工作时，我们如果依然偏好使用年轻一代不喜欢甚至反感的传统教育、传统媒体和引导方式，就必然很难达到教育培养的效果。有的党政部门和老一代企业家在引导教育年轻一代时，甚至感到存在“两种话语体系”，处在“两个不同频道”，常常“找不到人、说不上话、帮不上忙”，深感培养工作难度较大。这不能不引起我们的思考。有教育家说，“人不可被教，只能帮助他发现自己”。现实中成功的经验告诉我们，要有效引导“继创者”，就应该科学理性认识“继创者”，了解掌握他们的思想动态，分析他们的群体特点和成长规律；应该加强沟通交流，实施分类指导，采用“动态平衡”的思维在发展中及时调整政策，用更加“年轻态”的政策产品和引导平台，加强思想引导、环境营造、政策扶持、组织建设以及政治安排等“4+1”的系统化措施，才能使“继创者”成为政治上有方向、经营上有作为、责任上有担当、文化上有内涵的“新四有青年”，促进他们的健康成长和其所在企业的健康发展。

五、引导“继创者”的具体措施

只有针对“继创者”的特点和喜好，调动“继创者”的主观能动性，引导他们积极践行社会主义核心价值观，做合格的中国特色社会主义事业建设者，才是有效的措施，也是从事非公有制经济领域统战工作应该努力的方向。

一要本着同频共振的原则做好教育培训工作。要以社会主义核心价值观为主要内容抓好“继创者”的思想引导，既要在化解代际矛盾冲突的基础上传承老一代企业家精神，又要引导他们结合国家需要、时代特点开拓创新。用他们听得懂、愿意听的语言编写培训教材，采取体验式教育、互动启发、团队教育、现场观摩等，创新年轻人喜闻乐见的教育培训方式，发挥政治思想素质好、充满正能量、具有社会影响的典型示范引领作用，加强对“继创者”的理想信念教育。

二要本着扩大覆盖面的原则拓展活动平台。引导各类青年创业者联谊会、青年创业者促进会、“线上”社群等组织健全制度，规范管理，提高服务水平，增强凝聚力；加强与创客空间、创业孵化中心、社会培训平台等“继创者”较为集中的机构的工作联系，不断拓展对“继创者”引导教育的工作载体和平台，发挥非公有制经济人士主体作用及商（协）会主阵地作用，探索非公有制经济领域统战工作和对象的有效覆盖，引导他们不断增强对中国特色社会主义的信念、对党和政府的信任、对企业发展的信心、对社会的信誉。

三要本着传递正能量的原则做好宣传工作。弘扬优秀典型青年的“正能量”是引导潮流的抓手，应在培育上倾斜，宣传上“提前”，充分利用新闻媒体的舆论导向作用，积极宣传“继创者”的优秀典型和先进事迹，适时组织优秀“继创者”宣讲报告活动，用身边事教育身边人，传播正能量，发挥好先进典型的示范带动作用，消除社会对他们的一些认知偏见，为他们健康成长营造良好的社会舆论环境。着眼年轻一代喜好新媒体甚于传统媒体的特点，注重利用好微信、微博、移动客户端等网络新媒体，不断创新理念、内容、体裁、形式，真正把住信息入口，提高宣传辐射力。

四要本着增强政策获得感的原则抓好帮扶政策落实，构建新型政商关系。“继创者”的民族、国家认同感以及对党的深厚感情，需要有可持续的政策获得感作依托。应加强党和政府关于非公有制经济发展的政策宣讲和政策解读，制定完善适应新业态、新产业、新商业模式健康发展所需要的政策，创新方式推动政策落细落地。畅通党委政府与“继创者”沟通交流渠道，不断完善社会主义市场经济法律、规则，消解“政治代沟”，构建“亲清”新型政商关系。

五要本着资源公平分享的原则建立培养教育工作协调机制。建立由党委牵头，政府有关部门协同，工商联、共青团等积极参与的“继创者”教育培养工作协调机制，定期研究分析、部署安排相关工作，避免各部门的教育培养资源过多集中于个别人，形成工作合力。

六要按照“三强一好”的标准有序推进政治安排的代际更替。除了“政府的雷达”外，还可以借助“市场的眼睛”，加大对“继创者”的培养选拔力度，做到拓展渠道、公正选拔、综合评估、有序推进，把那些思想政治强、行业代表性强、参政议政能力强、社会信誉好的“继创者”选拔出来，在避免世袭倾向的前提下，做好政治安排，扩大他们有序参与政治生活和社会事务的渠道。

六、“继创者”培养时不我待

包括“继创者”在内的年轻一代非公有制经济人士正逐渐成为非公有制经济领域统战工作的重要对象，如何引导教育他们成为合格的中国特色社会主义事业建设者，已成为紧迫的时代课题。习近平总书记于 2015 年 5 月在中央统战工作会议上指出，要坚持团结、服务、引导、教育的方针，一手抓鼓励支持，一手抓教育引导，既要关注非公有制经济人士的思想，也要关注他们的困难，引导他们特别是年轻一代致富思源、富而思进，做到爱国、敬业、创新、守法、诚信、贡献。2016 年 3 月 4 日，习近平总书记在全国政协十二届四次会议民建、工商联界委员联组会上再次强调，要注重对年轻一代非公有制经济人士的教育培养，引导他们继承发扬老一代企业家的创业精神和听党话、跟党走的光荣传统。总书记的重要指示和讲话精神为我们开展包括“继创者”在内的年轻一代非公有制经济人士教育培养工作指明了努力方向，提供了行动指南。据聚商智库调研发现，中国第一代民营企业家的年龄平均为55～75岁，在未来5～10年，全国有三百多万家民营企业将面临企业传承大考。要实现企业成功传承，打破“富不过三代”的魔咒，加紧培养“继创者”，不能不说是比较适合深受中华民族传统文化熏陶的家族企业的一种抉择。

七、培养“继创者”离不开“继创者”的努力

“继创者”是民营企业接班人中的优秀分子，也是社会各方面共同努力培养民营企业接班人的目标。培养年轻一代非公有制经济人士，让更多的“民企二代”成长为“继创者”，除了党委政府、企业、社会、家庭的共同努力外，当然也不能离开“继创者”这个主体的反思、实践和这个独特群体的思想分享。欣慰的是，杨宗岳同志作为“民企二代”，居然认同我提出的“继创者”这一概念，并且能在几个月的时间内就拿出了一本关于“继创者”的著作。这是他多年关注家族传承研究，学术积累厚实的一种必然结果。我相信，杨宗岳同志作为一个优秀的“继创者”，根据自己多年的研究思考和市场实践，结合自己融入“继创者”的独特优势，从“继创者”典型特征、需要跨越的障碍、成长路径、“富过三代”的顶层设计、创新的路径和创业的关键等方面进行了深入探讨，同时引述古今中外大量成功传承的经典事例和至理名言，采用“继创者”听得懂的语言、喜好的表现形式，呈现在我们面前的这本《继创者时代》，一定会给精心写出在艰辛而富有成就感的成长道路上的广大“继创者”送去深远的规律启迪和温馨的精神陪伴。

尽管为年轻人的图书做序有点儿勉为其难，但是，出于本职工作的需要，本着共同学习、共同研究、共同进步的心态，我会“难”中求“做”，愿意把这本“继创者”写给“继创者”的实操书推荐给还在成长路上的“继创者”，也为促进非公有制经济健康发展和非公有制经济人士健康成长做点儿努力。

是为代序。

全国工商联研究室主任
中国民营经济研究会副会长、研究员、博士
林泽炎
2016 年 12 月 25 日于北京

|目录|

第一章

从“富二代”到继创者

/001

第一节 “富二代”or“创二代”or继创者 /003

一、继承、创新、创业 /003

案例思考：方太集团茅忠群——继创者中的新儒商 /007

观古鉴今：勇于变革的商王盘庚 /010

二、大胆创新与“另起炉灶” /012

案例思考：开启继创者之路——继创者戴梦泽防谈录 /013

观古鉴今：宰相必起于州郡——王安石的继创历程 /019

第二节 走近继创者群体 /021

一、继创者的年龄分布 /021

案例思考：创业者的平均年龄 /021

二、继创者的优势特征和弱势特征 /022

三、继创者的五项弱势特征 /024

案例思考：继创者时代的到来 /027

案例思考：继承者4年倾覆40年家业 /030

观古鉴今：阿斗刘禅——一个失败的继承者 /031

四、成功继创者的五种典型特征 /033

案例思考：创一代和继创者之间的王均豪 /038

观古鉴今：锐意创新的赵武灵王 /043

继创者语录 /045

第二章

继创者的困境和修炼

/047

第一节　传承障碍 /049

案例思考：李锦记家族议事会——代际沟通的范例 /051

观古鉴今：朱由检——缺乏领导能力的亡国之君 /055

第二节　成长路径 /059

案例思考：李嘉诚的教子术 /069

观古鉴今：曾国藩的教子之道 /073

继创者语录 /075

第三章

“富过三代” 的顶层设计

/077

第一节　传承问题清单和制订传承计划 /079

案例思考：子承父业的继承模式 /082

案例思考：美的集团职业经理人接班 /083

观古鉴今：缺乏传承计划的短命秦朝 /084

观古鉴今：晋商的“身股”“银股”模式 /085

第二节　组建机构和确定任务 /087

案例思考：李锦记家族委员会 /089

观古鉴今：江南第一家——浦江郑氏家族 /091

第三节　开启传承计划 /092

一、家和万事兴 /092

案例思考：真功夫的“内战” /093

观古鉴今：一代商圣范蠡的传承遗憾 /095

二、家庭议事平台和家风家训 /096

案例思考：李锦记家族宪法基本内容 /99

观古鉴今：梁启超家族的精神秘诀 /102

三、合理分家和安排亲属 /104

案例思考：名门的遗产纠纷 /106

案例思考：海鑫钢铁企业传承的一点启示 /108

观古鉴今：清代王府是如何分家的？ /111

观古鉴今：雍正皇帝对亲属的安置 /112

四、选择继承人 /114

案例思考：何享健和马云眼中的接班人条件 /115

观古鉴今：中国古代皇室立储的条件 /116

五、“太子太傅”与“辅政大臣” /119

案例思考：继创导师——陈春花 /121

案例思考：华为集团的团队接班模式 /124

观古鉴今：赵武灵王与王子老师周绍的对话 /125

观古鉴今：北宋的“一朝天子一朝臣” /126

六、潇洒地放手 /128

案例思考：茅理翔的退休生活是第三次创业 /129

观古鉴今：退而不休的乾隆皇帝 /130

继创者语录 /132

第四章

继创者创新的三大路径

/135

第一节　基础路径——技术创新 /137

案例思考：不忘继创者的初心——仇兴东访谈录 /139
观古鉴今：战术创新：汉武帝打败匈奴的制胜点 /145

第二节　先行路径——产品创新 /146
案例思考：这是一个创新的时代——继创者陶晓明访谈录 /149
观古鉴今：同仁堂：用产品奠定百年基业 /155

第三节　保障路径——管理创新 /156
案例思考：管理模式新样本：创客空间入驻新申亚麻 /157
案例思考：在继承中创新——山东滕州仇氏兄弟 /160
观古鉴今：革新图强的贞观之治 /162
继创者语录 /166

第五章
继创者创业的三个关键问题
/169

第一节　创业项目的选择 /171
案例思考：走在继承创新的路上——继创者张思杨访谈录 /172
观古鉴今：最优秀的继创者——嬴政 /177

第二节　创业失败的原因 /178
案例思考：一位继承者的 3 次失败创业 /179
观古鉴今：王莽为什么会失败？ /183

第三节　编写创业计划书 /185

案例思考：他用 VR 内容打动徐小平和李开复 /187
观古鉴今：两位继创者的共谋——草庐一对定天下 /189
继创者语录 /191
致谢 /192

第一章
从“富二代”到继创者

第一节 “富二代”or“创二代”or继创者

重点提示：继创者是指既继承了父辈的财富和精神，又进行着创新创业的年轻一代，见图1－1。

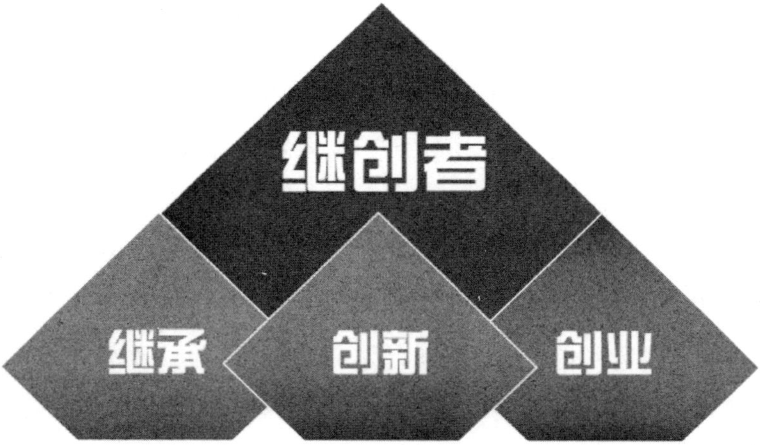

图1－1 继创者的升级周期

一、继承、创新、创业

历经三十多年的改革开放，中国企业进入了第一轮代际传承期和企业转型升级大周期，具备新思维的年轻一代企业家逐渐走进人们的视野，当这些“二代”们初登舞台的时候，社会给予了他们很多标签或者称谓——“创业者”“继承者”“传承者”“富二代”“创二代”等。然而，在现实中，这些称谓和概念对这些年轻人的定位并不准确，甚至还有些许偏见，很难引起年轻一代的赞同与共鸣。事实上，越来越多的“二代”并不是简单地继承了父辈的企业，而是进行了大胆的创新，甚至“另起炉灶”，二次创业。全国工商联研究室主任林泽炎博士在大量调研基础上提出了“继创者”这一概念，将这一群体定义为“继创者”。“继创者”们既是父辈财富和精神的继承者，也是创业创新的践行者。

对话

甲：为什么说“创新创业”成为民营企业家面临的首要问题？

乙：经过三十多年的快速发展，中国经济步入了新常态。随着互联网信息技术的普及和对人们生产生活方式的改变，中国也迎来了新经济时代。在当前这种外需不足，土地、劳动力等要素上涨，金融成本较重以及互联网下的生产生活方式的转变等多重因素影响下，“转型升级”“创新创业”成为企业家面临的首要问题。

甲：中国民营企业家面临的两大重任是什么？

乙：当前的中国民营企业面临着转型升级与企业继承的双重大任。第一代企业家不得不面对年事渐高、眼界滞后的现实困境，况且转型升级也不可能一蹴而就。企业的创始人们绝不希望在晚年看到亲手创下的基业折戟沉沙，更不希望看到家族事业后继无人。特别是从事传统制造业和零售服务业的企业家们更是进入了一个明显的焦虑期。

可以说，当前中国企业家群体面临的挑战是前所未有的，处理好这两个问题，企业就可以再次扬帆起航，否则，必将日暮途穷。

甲：国内民营企业传承现状如何呢?

乙：面对企业创新和再创业以及财富和精神的继承，不少企业家看在眼里，急在心里，不知从何下手。还有很多企业家面临这些问题时，自己也没有一个明晰的答案和计划，抱着走一步说一步的想法。也有不少企业比较好地处理了这些问题，企业迈入了一个新的阶段和发展周期。

甲：面对财富与精神的继承，企业家应该怎么做?

乙：面临当前这种交叠期，企业家应该做好充分、明晰的转型升级计划和企业传承计划，回答好四个问题——转哪里？如何转？传给谁？传什么？见图 1－2。

甲：党和政府是如何看待这些问题的?

乙：2016 年“两会”期间，习近平总书记来到全国政协十二届四次会议民建、工商联组会。在此次会议上，总书记对民营经济给予充分的肯定和殷切的希望，对年轻一代的成长也提出了要求。对于民营企业的发展和企业家的成长以及年轻一代的培养问题，表示关切。这说明了党和政府对民营企业传承问题的重视。

同时，国务院也发出了“大众创业、万众创新”的号召，在政府不断地简政放权、制度改革等措施下，创新创业在国家层面被赋予了驱动新一轮发展战略红利的重任。

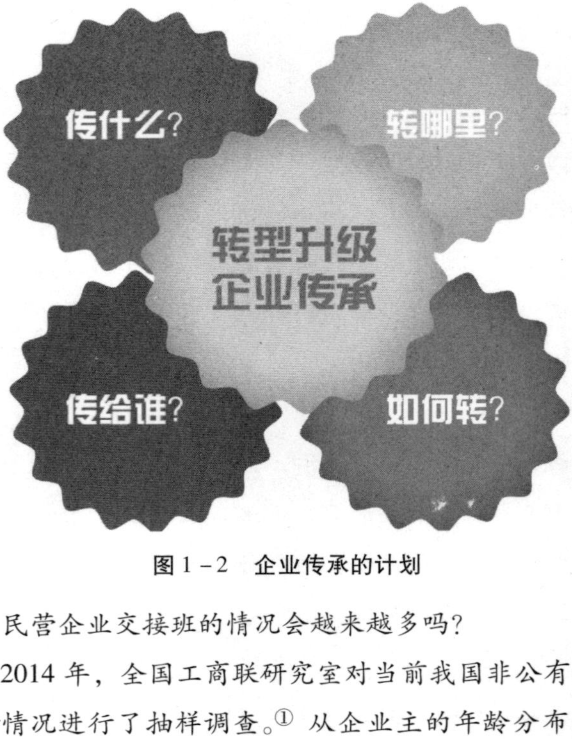

图 1－2　企业传承的计划

甲：民营企业交接班的情况会越来越多吗?

乙：2014 年，全国工商联研究室对当前我国非公有制企业的整体运行情况进行了抽样调查。[①] 从企业主的年龄分布来看，平均年龄为 49.6 岁，50 岁以上的企业家占到总样本的 40%。照此推算，在未来十年，将出现大批企业家先后退休、第二代上任的

① 本次调查范围涉及上海、广东、浙江、安徽、湖北、贵州、新疆等 12 个省(区、市)，共回收有效问卷 1 446 份。

情况。由此，中国将迎来首轮民营企业代际传承潮，并在未来形成企业传承的常态化。

案例思考

方太集团茅忠群——继创者中的新儒商

经过多年商业历练的茅忠群依然书生气十足，甚至有些腼腆。其他同龄企业家喝咖啡拼酒局，他却喜欢喝茶看论语；别人打高尔夫休闲，他却在家小唱一段越剧；茅忠群的“范儿”在今天的年轻企业家中看似有些老派，但他坚持不改变。

时间向前追溯至1994年，那一年茅忠群26岁，刚刚从上海交大硕士毕业。刚刚毕业的他，就在父亲的飞翔点火枪厂任职。不过茅忠群却并没有跟着父亲做管理跑业务，也没有去帮助飞翔点火枪想怎样摆脱低价的困境，而是待了一年，做思考与研究。因为早在毕业之前，茅忠群就看到了父亲的点火枪事业发展前景有限，低价已经做到极限，没有更大的发展空间。

“我不想守业，我要创业。”茅忠群的目的很明确，“这一年就寻找合适的项目。”当时微波炉和抽油烟机两个行业进入了茅忠群的视线，门槛并不太高而且没有特别强的外资巨头垄断。再三考虑，茅忠群选择了抽油烟机行业。

当时抽油烟机也并非蓝海产业，也有包括帅康、老板等一批民营企业在做抽油烟机，但茅忠群还是踏进了这个行业并且为未来打定主意：一定要做高端。或者是年轻时的茅忠群看到了父亲工厂的低价劣势，所以在自己做企业时直接切中了高端。方太是从未诞生之时起就被赋予高端的定位。

“中国厨房很特殊，油烟大，外资企业做得并不好，而国内企业又大部分致力于中低端产品的开发与营销。可这样的情况导致企业很难出头。中低端虽然门槛低，但一进去就面对几百个对手的竞争，高端产品虽然门槛高，但是一旦进入就能作为先行者而抢占先机，只要有好产品就不怕没有好市场。”主意已定，1995 年茅忠群正式开始确定做高端抽油烟机项目。

项目确立，新公司该怎样管理又成为茅忠群需要解决的问题。见过老工厂中的复杂人际关系，茅忠群做出了一个当时父亲都想不到的决定：约法三章。“原来的人除非我看中，否则一个都不要，尤其是亲戚不能要，特别是管理层中；企业要从农村搬到城里去；第三就是有关新业务的重大决策由我说了算。”

年轻的茅忠群不希望自己创办的企业再度走上很多民营企业家族式发展的老路，工厂在农村迁不出来就一定摆脱不了错综复杂的关系，这里面包含最让他头疼的亲属裙带关系。“我知道如果我开了这口，将来就一定抹不开面子去做事，这对企业发展是最不利的。”茅忠群把人际协调的事情交给了父亲去处理，只一心研发自己的项目。而这约法三章也为方太的健康成长起到了护航作用。

初创业时总是艰苦的。父亲给的 500 万元创业费中 430 万元用来建了新厂，将企业从宁波的乡下搬到了现在的杭州湾新区，剩下的 70 万元用来做初创经费。为了有效地进入市场，茅忠群和员工一起做了几百家的入户调查，调查消费者对抽油烟机还有哪些需要改进的方面。“我们最终总结出 6 大问题，包括漏油和不安全等。”

因为经费的紧张与初创业的冒险大胆，茅忠群做出了在当时看来绝对是创新的举动——与浙江大学的学生合作，为抽油烟机的外观做工业设计。彼时的抽油烟机只有品牌不同，而外观则千篇一律。行业里也从未有工业设计一说，更别提和高校学生进行合作设计。这一设计便是 10 个月，要知道，同行一款产品从设计到生产只用 3 个月，而茅忠群为第一款产品足足用了 10 个月。

然而，天马行空的创意与设计并不能在工业中实现，这给茅忠群泼了一盆冷水，“创意完美却做不出来，图纸上的产品受制于材料与工艺并不能生产出来，只能再次调整。”茅忠群最终将一款外观漂亮的深型机研制出来，以高于市面最高端产品 20% 的价格上市，非但没有滞销反而更畅销，“1996 年就卖出 4 000 万元左右，1997 年开始上亿元了”。

也许是茅忠群内心早有方向，自从创业以来，茅忠群就为产品定性——必须是创新的，有工业设计的。因此，方太的技术研发室绝对算奢华，6 000 平方米的面积是行业内最大的厨电实验室。“我们有行业内唯一国家认定的企业技术中心，也是民营企业里面唯一承担国家科研计划的技术中心。”方太的员工余女士很自豪地说。

茅忠群的管理之路已经走了 15 年，经历了从西方管理体系向中西合璧的现代儒家管理思想聚拢的过程。2000 年，他开始读中欧 EMBA，引入西方管理工具，2003 年开始自学国学，2008 年开始真正在方太引入“方太儒道”。八年的思考加上八年的实践，如今方太已经形成系统完整的“中学明道，西学优术，中西合璧，以道御术”的企业管理境界。其以企业经营为目标，既善于引用西方管理体系中的工具，形成管理之术，又在实践中体会到中国优秀传统文化才是真正契合自己企业的精神内核。

这正是茅忠群作为继创者最重要的里程碑，最终找到和回归到自身的性格特质和精神内核，再配合上务实、接地气的管理工具，茅忠群真正进入了自己的管理时代（图 1－3）。

思考：你认为茅忠群身上有哪些明显的特质？

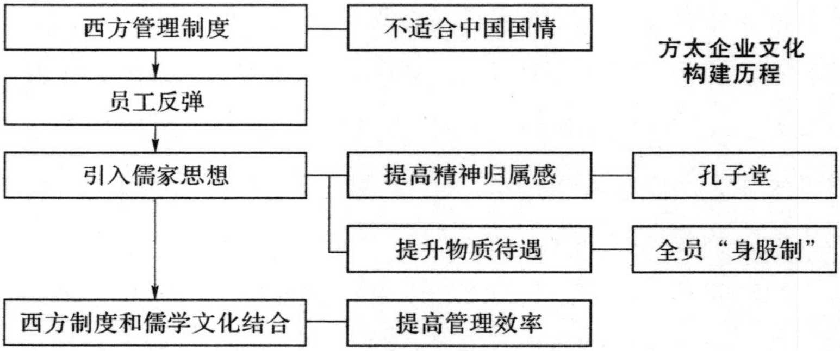

图 1－3　方太企业文化构建历程

观古鉴今

勇于变革的商王盘庚

商朝自商王仲丁以后，国势逐渐衰落。当时废弃嫡长子继位制度，常拥立诸兄弟和他们的儿子继位，由此常争夺继承权，造成商朝九代混乱，诸侯都不来朝见，史称九世之乱。盘庚的父亲是商王祖丁。祖丁死后，祖丁叔父商王沃甲之子南庚继承王位。南庚死后，祖丁之子、盘庚的哥哥阳甲继承王位。阳甲统治期间，商朝国势继续衰落。阳甲死后，盘庚继承王位。盘庚即位时，商朝经过九世之乱，政治腐败，贵族奢侈，王室内争激烈，阶级矛盾尖锐，加上天灾频繁，商王朝面临着巨大的危机。

盘庚是位具有革新精神的君主，他为了改变当时社会不安定的局面，决心再一次迁都。可是大多数贵族贪图安逸，不愿意搬迁。一部分有势力的贵族还煽动平民起来反对，闹得很厉害。商汤建立商朝时，最早的国都在亳（今河南商丘谷熟镇西南）。在此后三百年当中，都城一共搬迁五次。这主要是避免王族内部经常争夺王位，发生内乱；再加上黄河下游常常闹水灾。有一次发大水，把都城全淹没了，所以就不得不搬家。

盘庚面对强大的反对势力，并没有动摇迁都的决心。他把反对迁都的贵族找来，耐心地劝说他们。当他得知殷（当时称北蒙，即今河南安阳）一带土肥水美，山林有虎、熊等兽，水里有鱼、虾时，就决心到此来发展。为了动员迁都，他曾发表一次重要的演讲。“星火燎原”一词即由此次演讲内容凝练而成。贵族们竭力反对迁都，盘庚就发布文告，严厉命令他们服从。终于，马萧萧，车辚辚，他率众西渡黄河来到殷，史称“盘庚迁殷”。

迁到殷后，他以强硬手段制止贵族们搬回旧都的企图。他还提倡节俭，改良风气，减轻剥削，终于安定了局面。

思考：你的企业是否面临过重大危机？是怎么处理的？

二、大胆创新与“另起炉灶”

重点提示：面对当前中国经济的新形态和发展趋势，企业家必须清醒地认识到，唯有不断深入创新才能生存和更好地运营下去。在这样的大背景下，许多企业面临的首要挑战是“生存”，其次是“传承”。

来自全国工商联的两组调查数据：

1. 明确表示愿意接班的“二代”仅占总样本的40%。
2. 年轻一代中超过50%创立了新的企业。

对话

甲：为什么说继创者们的创新创业是企业传承的根基？

乙：绝大多数继创者们由于自身知识结构特点以及思想观念的时代性，决定了他们绝不只是守成者，他们在代际传承过程中不断地在尝试创新和创业，而且发现凡是顺利完成交接班的企业，无一不是立足于创新和再创业的基础之上。

甲：为什么有很多继创者不愿意接班？

乙：不愿接班的继创者只是不愿接任父辈手中的固有产业与原有商业模式，并不是不愿接受事业的挑战与重担，他们渴望拥有独立的事业和自主的商业模式。同时，年轻一代都会在参与企业管理或者建议献策的过程中，体现出创新意识，这是由于其自身知识结构和年龄层次所决定的必然行为。

甲：如何提升继创者的综合能力呢?

乙：最有效的办法就是给予他们一定的支持，放手让他们进行外部创业。一方面为企业转型升级探索了新的路径，另一方面让年轻一代在创业中得到真正的历练和成长。所谓“宰相必起于州郡，猛士必发于卒伍”正是这样的道理。若接班者只是“生于深宫之中，长于妇人之手”，很容易落得“问君能有几多愁，恰似一江春水向东流”。

甲：创新创业的精神对于继创者重要吗?

乙：物质的传承只是一个程序问题，而精神的传承则是一个长期的系统工程。所谓“不谋万世者，不足以谋一时”，有智慧的领导者必须要成为一个合格的战略家和教育家，未雨绸缪，及早部署，身教言传，点滴在心。放眼古今中外，所有那些富过三代、五世其昌、绵延久远的家庭，无一不是将先辈们开疆拓土的创新创业精神融入一代代继创者的血液里，正所谓“不忘初心，方得始终”。

案例思考

开启继创者之路——继创者戴梦泽访谈录

笔者：梦泽你好，刚听到你的朋友笑着说你是“富二代”。

戴梦泽：每当我的朋友向别人介绍我时说：“嘿，这哥们儿是个‘富二代’……”这个时候，我总会觉得无奈与尴尬，我只能耐心地和他们解释说：“并非所有的那些拥有富爸爸的人都得叫作‘富二代’，我们也是可以继续创新创业的一代，我们并不想做人们口中的富家子弟，而是想成为创业的继承者，做一个名副其实的‘继创者’。”

笔者：做一个名副其实的继创者，非常好！首先介绍一下自己的基本情况吧

戴梦泽：我出生在北京的一个拥有家族企业的大家庭里，打小在中国接受教育，一直到我高中毕业，便跟随父母一起移居到加拿大，并且在加拿大温哥华开始了我6年之久的大学生活。在国外的几年里，我结识了许多老师和朋友，从他们那里，我看到了不一样的世界，吸收到了不一样的思想，在那里的打工经历也是我难以忘怀的美好经历。同时也接受到了很多西方教育，了解了一些西方的文化。2012年，我重新回到故土北京，进入到家族企业中工作，同时开始了我的继创者之路。

笔者：请介绍一下企业以及你回到家族企业后的经历吧。

戴梦泽：不可否认，相对于那些白手起家，四处打拼才最终获取成功的青年企业家来说，我要幸运得多，坦然地说，因为我继承了父辈的物质财富，在父辈建立的产业上再进行创业，不必太过于为自己所要创造的事业而担忧资金、人力等问题。20世纪80年代，国家整体经济文化实力在迅速发展，我的姥爷开始抓住发展的时机，艰苦创业，最终建立了当时北京较早的一个电力工程公司，并且公司得以不断发展壮大，公司的发展可以一直延续到我的爸妈。到了1996年，因为家庭中有从政人员，因此暂时

离开了这个行业，直至2006年，我的父母又重拾旧业，一切从头重新开始，继续投入到电力工程行业之中。家庭的物质环境和精神基础为我未来的发展给予了很大的帮助，也给予了我孜孜不倦的奋进动力。

2012年我也投入到了这份工作之中，面对“电力”这个行业，我完全是一个新人，有许多的知识要学习，有许多的业务要熟悉，企业的制度、企业的管理、企业的投资、企业要获取的利润……这些对于当时的我来说，都是我所需要挑战的事情，都需要我不断地学习、不断地摸索。每当遇到难题，拿不定主意的时候，我会向长辈们请教。记得父母曾和我说，现在你拿不定主意的可以寻求我们的意见，但同时，你也要有自己的思想，以后的路，需要你自己能够担当一面，我感受到了他们给予的莫大鼓励与支持。父辈们靠自己不断的打拼，积累了物质上的财富、经验知识、人力资源、技术资源等优越的条件，为我当时继续从事电力行业，进行家族企业的管理打下了坚实的基础，创造了良好的环境，同时也让我很快地适应了这个环境，适应了这份工作。

在父母的影响与引导下，我开始慢慢地学会自己去处理问题，到万不得已的时候再去向他们寻求帮助，同时我发现一个问题如果需要很好地解决，还需要获得不一样的想法、不同的信息，因此需要我去接触不同的人，去获取他们不一样的思想，最后融成自己的一种新思想，从而把问题更好地解决。社会在改变，这就需要我们的思想也要改变，需要我们去创新。我想，对于我们这种传统的产业型公司来说，需要进行转型，需要吸纳不一样的建议，接受不一样的思想，一成不变只会让公司面临窘境。

在公司已经工作了5年。5年里，作为企业管理者，我觉得自己所担负的责任更重了，我对自己所处的角色有了新的认知，这就要求我不停地提升自己，成为一个公司的榜样。在这个过程中难免会经历困难，经受打击，每天面临着压力，但同时也是一种动力，推动着我不停地努力工作。我觉得自己在不停地成长，面临新的事情、新的状况时，我总会提醒自己要打起精神，勇敢面对。通过遇到问题，然后去自己的内心深处挖掘和思考，使自己发生很大的变化，最终我慢慢地学会应对那些困难、打击和压力，因此我觉得这对自我提升也是一种通路。

笔者：你对继创者群体是如何认识的？

戴梦泽：继创者们并不是独立的个体，我们会建立起属于自己的社会关系网络，以兴趣为导向，在不同行业、不同领域、不同部门之间建立社交网络。因此，我加入了中国下一代教育基金会继创者联盟，在这里，有专业的学术指导平台，同时这里也是许多怀有共同理想的继创者们相互交流学习的平台。继创者联盟以“继承、创新、秉承”为定位，秉承“搭建平台、成就未来”的理念，推动继创者努力提升自身素质，推动所在企业和组织的发展，塑造良好社会形象，履行社会责任。帮助企业培养具有强烈的历史使命感和社会责任感的接班人。

我说过，我不是“富二代”，我要成为继创者。而在中国经济正处于代际传承与产业升级的叠加期，父辈的产业模式大多是

“昨日黄花”，而对于拥有优质资金、技术、教育以及人际等整合能力的继创者，正成为中国产业转型升级中新的发展动力。因此作为一名继创者，我们不仅是父辈财富和精神的继承者，也是创业创新的践行者。对于现在的我来说，对未来的再创业之路充满了期待，对现在的自己也提出了更高的要求。

笔者：能深入地谈谈你对自己提出了哪些要求吗?

戴梦泽：努力提升自己的领导能力。良好的领导者善于发现企业、员工及其他管理者的优势，并将其优势发挥到极致，从而推动企业的的发展。不言而喻，缺乏领导能力将成为一个继创者面临的最大障碍。而现在自己并不是那么的如鱼得水、得心应手，需要自己进一步提升自己的领导能力。这就要求我需要提高决策的谋略能力，对全局工作的长远规划，集思广益，注重调查，精通业务，提高对企业长远目标和近期目标的设计能力。同时提高针对整个管理阶层的影响力、号召力和凝聚力以及决策能力。

努力提高自我创新能力。我们并不是简单地继承了父辈的企业，而是要大胆创新，进行二次创业。作为一名中国继创者，从传统文化中汲取智慧进而提升自己的能力是必不可少的一项修炼，与此同时，更需要我们具有创新的思想。当今社会的竞争，与其说是人才的竞争，不如说是人的创造力的竞争。面临企业转型升级和创新创业的大任，创新能力的高低决定了企业的前景和自我发展格局。而保持思想先进和创新的根本在于学习，因此自己要通过学习不断提升自己的创新能力。因为经验的缺乏，要求自己在今后的日子里能够投入更多的精力进行学习，从书本中学习，从父辈那学习，从同事中学习，从经验中学习，从实践中学习。

加强共享合作精神。随着社会的发展，我们发现单打独斗已不太可能创造出光辉的事业，个人英雄主义的时代已经渐行渐远，现在是依靠团队进行创业的时代。因此，在接下来的时间里，我需要打造一个年轻的创业团队，团队中的每个人要学会分享，让共享思维为创新创业提供更大的发展基础，将共享合作精神植入到企业文化中，建立起良好的企业共享互助的环境，造就一个充满活力与自信的创新创业团队。

拥有吃苦耐劳的精神，同时也要具备享受生活的情趣。相对于那些从基层做起，白手起家的创业者来说，我是幸运的，但我同样感到他们也是幸运的，因为他们曾经为了自己的梦想不懈努力，虽然尝受过各种辛苦，但就是这些困难才造就了他们的成功，同样赋予了他们不怕苦的精神。因此在这些方面，我想我们应该向他们学习，有吃苦耐劳的精神，才可以在面临困难的时候，自己才有更大的勇气去承受。而另一方面，我们也要强调生活与工作共存，甚至生活要更高于工作，就像一位继创者说的：“我们不认为成功是多么能令我们高兴的事情，而是享受过程，以及生活中的许多美好的细节，所以我们要做自己喜欢做的事情。”生活是需要我们去享受的，而工作是我们享受生活的一部分。

我们是继创者，不愿单纯去做父辈的“左膀右臂”，不愿在父辈的荫庇下生活，不甘心只是做一个执行者，而是希望自己能够勇敢地闯出自己的一片美丽的天空。

思考：请回忆你的成长经历和工作经历。

观古鉴今

宰相必起于州郡——王安石的继创历程

宋真宗天禧五年（1021 年），王安石出生于临川（今江西抚州市临川区），父亲王益，时任临川军判官。王安石自幼酷爱读书，下笔成文。稍长，跟随父亲宦游各地，接触现实，体验民间疾苦。

宋仁宗景祐四年（1037 年），王安石随父入京，结识好友曾巩，曾巩向欧阳修推荐其文，大获赞赏。宋仁宗庆历二年（1042 年），登进士第四名，授淮南节度判官。任满后，王安石放弃了京试入馆阁的机会，调为鄞县知县。王安石在任四年，兴修水利、扩办学校，初显政绩。

皇祐三年（1051 年），王安石任舒州通判，勤政爱民，治绩斐然。不久王安石出任常州知州，得与周敦颐相知，声誉日隆。

嘉祐三年（1058 年），调为度支判官，王安石进京述职，作长达万言的《上仁宗皇帝言事书》，系统地提出了变法主张。在此次上疏中，王安石总结了自己多年的地方官经历，指出国家积弱积贫的现实：经济困窘、社会风气败坏、国防安全堪忧，认为症结的根源在于为政者不懂得法度，解决的根本途径在于效法古圣先贤之道、改革制度，进而提出了自己的人才政策和方案的基本设想，建议朝廷改革取士、重视人才。王安石主张对宋初以来的法度进行全盘改革，革除宋朝存在的积弊，扭转积贫积弱的局势。并以晋武帝司马炎、唐玄宗李隆基等人只图“逸豫”，不求改革，终至覆灭的事实为例，要求立即实现对法度的变革。但宋仁宗并未采纳王安石的变法主张。

治平四年（1067 年），宋神宗即位，起用王安石为江宁知府，旋即诏为翰林学士兼侍讲，从此王安石深得神宗器重。

熙宁元年（1068 年）四月，宋神宗为摆脱宋王朝所面临的政治、经济危机以及辽、西夏不断侵扰的困境，召见王安石。王安石提出“治国之道，首先要确定革新方法”；勉励神宗效法尧舜，简明法制。神宗认同王安石的相关主张，要求其尽心辅佐，共同完成这一任务。

王安石随后上《本朝百年无事札子》，阐释宋初百余年间太平无事的情况与原因，指出当时危机四伏的社会问题，期望神宗在政治上有所建树，认为“大有为之时，正在今日”。

熙宁二年（1069 年），宋神宗任命王安石为参知政事，王安石提出当务之急在于改变风俗、确立法度，提议变法，神宗赞同。

熙宁三年（1070 年），王安石任同中书门下平章事，位同宰相，在全国范围内推行新法，开始大规模的改革运动。所行新法在财政方面有均输法、青苗法、市易法、免役法、方田均税法、农田水利法；在军事方面有置将法、保甲法、保马法等。

熙宁四年（1071 年），颁布改革科举制度法令，废除诗赋辞章取士的旧制，恢复以《春秋》、三传明经取士。同年秋，实行太学三舍法制度（图 1－4）。

- 王安石变法
  - 前提：起用王安石
    - 原因
      - 社会矛盾仍然尖锐
      - 王安石的变法主张和设想
      - 宋神宗的愿望
    - 标志：1069年任用王安石为参知政事
  - 措施
    - 富国之法
      - 目的：改变积贫的局面，调整封建国家、地主和农民关系，发展生产
      - 内容：青苗法、农田水利法、免役法、市易法、方田均税法、均输法
      - 作用：有利于减轻人民负担，发展生产；增加政府财政收入
    - 强兵之法
      - 目的：为了改变积弱的局面，巩固封建统治秩序、加强军队建设
      - 内容：保甲法、保马法、将兵法、设军器监
      - 作用：节省了政府开支，提高了军队的战斗力，增加武器装备
    - 取士之法
      - 目的：关注人才的选拔、培养和使用，为变法造舆论
      - 内容：改革科举制度、整顿太学、重视官员选拔任用
      - 作用：培养人才，发挥其才干，为变法起了舆论作用

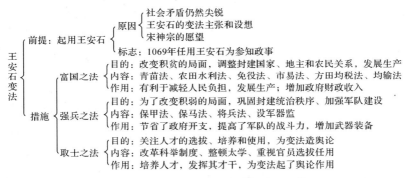

图 1－4　王安石变法的主要内容和目的

第二节　走近继创者群体

重点提示：在创业青年的年龄分布上，30～40 岁年龄段是创业者的中坚力量，平均创业年龄为 31.53 岁。

一、继创者的年龄分布

20～25 岁 10%　初涉职场　观察学习

25～35 岁 80%　尝试创新　着手创业

35～40 岁 10%　取得成绩　开始接班

案例思考

创业者的平均年龄

广东省青少年事业研究与发展中心等单位组成课题组，对珠

三角八家海归创业园260名创业者进行了调查。本次问卷调查显示，海归创业者中“80后”占大头，接近六成；“90后”还是少数，占比为3.1%。此外，“70后”占21.1%，“60后”“50后”合占16.0%。这说明青年是海归创业的主体，受访者创业时平均年龄为33.3岁。

《海淀工商局海淀区青年创业现状及影响因素调研报告》近日出炉。报告显示，海淀青年创业最爱科研和技术服务，且在城六区中比例最高，达到41.96%。30~40岁为创业中坚力量。调研报告显示，在创业青年的年龄分布上，30~40岁年龄段是青年创业者的中坚力量，平均创业年龄为31.53岁。值得关注的是，20~30岁年龄段比例（40.5%）也占据了相当的份额。该群体包含了大学生创业者及毕业后创业的青年人，他们虽然资金、经验、社会资源等条件有限，但其创新能力强，富有冒险精神。

上海市信息化青年人才协会发布《上海市2002—2014年IT新锐个人发展研究报告》，课题组对十余年来上海200多位IT新锐候选人及企业状况进行调研分析，从中折射出上海信息技术产业发展的轨迹与动力。从上海IT新锐历年创业者创业年龄分布来看，总体在25~35岁，平均创业年龄为29.6岁，30岁左右正是黄金创业年龄。

思考：你是什么年龄开始创业的？

二、继创者的优势特征和弱势特征

继创者们之所以受人关注，就是因为其具有一些与众不同的特征。这些特征是由其自身成长环境、受教育背景以及所处社会环境的影响所形成的。这些特征有优势特征，也有弱势特征，对于继创者们来说，要注意扬长避短，认识自身短板所在，时时修剪杂草。

继创者的五项优势特征（图1－5）：

1. 视野开阔。
2. 商业禀赋。
3. 人情练达。
4. 敢于尝试。
5. 乐于助人。

图1－5　继创者的五项优势特征

对话

甲：继创者开阔的视野体现在哪些方面？

乙：开阔的视野决定了他们是具有新思维的一代。这些新的思维主要体现在两个方面。

一是互联网思维，从网络教育到网络办公，从论坛到微博、微信，高效化、数字化、智能化的社会活动方式和科技手段得到广泛运用并快速推广，信息技术深刻改变并深度影响着继创者们的生活方式、交流方式、行为方式、思维方式和聚集方式。继创者作为消费者，同时又作为创新者和创业者，他们最善于利用网络工具解决创新创业问题，这些特质影响和决定了继创者们的转型升级和创新创业的思路与方向。

二是管理新思维。相对于父辈的单一知识结构，继创者们由于视野开阔，接触的新理念和新方法较多，也由于一般都接受过系统化、科学化的教育，所以，继创者们在创新创业过程中，一般具有科学的现代管理思维，倾向于制度化、人性化、精细化、互联网化的管理模式，他们善于将最新学到的管理知识运用于实际的管理过程中，不管是在战略制定，还是在人才开发、企业融资、企业文化建设等各个模块，都倾向于引入新的管理方法。

甲：应该如何激发继创者良好的禀赋？

乙：再卓越的禀赋，也需要有良好的引导和开发。而父母是孩子的首席老师，父母首先要做好继创者们的教育启蒙，让他们的禀赋得到有效的激活与开发。其次就是“选良师、择益友”，给继创者们营造好的成长环境和社会环境，合力促进继创者们商业禀赋得到释放与升华，完成继创大业。

三、继创者的五项弱势特征

相比明显的优势特征，继创者们的弱势特征亦十分明显。总结下来，继创者的弱势特征有以下几点（图 1－6）：

1. 毅力不足。
2. 谦虚不够。
3. 眼高手低。
4. 缺乏交流。
5. 贪图享乐。

图 1－6　继创者的弱势特征

对话

甲：为何很多继创者会毅力不足?

乙：在养尊处优的环境中长大的孩子很容易缺乏毅力，如果一个继创者又恰逢是独生子女，这种特征格外明显。吃苦耐劳是白手起家的创业者们的特征，创业本就是一场艰苦的修行，没有卓绝的毅力，是很难实现成功的。继创者们自小缺乏危机意识，创新创业的动力不足，遇到大点的困难容易知难而退，往往容易半途而废，或者得过且过，缺乏父辈身上破釜沉舟的毅力与勇气。

甲：为什么说继创者们缺乏交流？

乙：其实，继创者们是孤独的。物质财富本身就能产生压力，优越感亦会招惹旁人嫉妒，无形中令继创者们受到孤立，影响到他们的情感发育。他们缺少很多与普通人更加深入的交流，体会不到很多同龄人的喜悦。所以，继创者们在情感的表达上总是有所保留，与别人永远保持着一定的距离。

此外，继创者们也过早承受着过大的成功压力——父母很成功，我也必须成功！做一切事情都要考虑打造一份完美的履历。然而，他们很多和父母的实际距离比较遥远，很难能够超越父母。父辈们由于忙于事业，相对而言对子女的关爱就较为缺乏。继创者们与父母之间比较缺乏交流与信任。尤其在中国传统文化影响下，父辈很少表扬下一代，赞美是吝啬的，沟通和交流是有限的。他们各自都不知道对方在想什么。很多代与代之间的冲突也由此产生，这些冲突如果得不到及时化解，甚至会成为无法填补的鸿沟，这将严重影响企业的有序传承。

案例思考

继创者时代的到来①

以下为林泽炎博士发言实录：

林泽炎博士：谢谢各位企业家，谢谢相关部门如此精心的安排，这一路走下来给我感受很多，收获也很多，我深深地感觉到应该关心这一代人，这是我们国家的希望之所在！

今天很特别的是有创一代的、老一辈的企业家，也有年轻一代的企业家。我昨天在楚商发展促进会上讲了，在我看来，二代是继创者，今天所处的时代是转型升级的时代，处在和以前不一样的时代，这个时候你不创新怎么行呢？二代们绝不是简单的继承，更多是创业和创新的过程。

第一，年轻人是需要认可的。所有年轻人不愿意接班，或者是现在接班了的都有一个过程，都是一个想证明自己得到别人认可的过程，年轻人是需要认可的。

第二，冲突是需要沟通的。我们可能和父辈之间都会有冲突，乃至于老企业家和自己的子女辈也有冲突，因为这个时代变了，观念也变了。很多创一代企业家没有读过什么书，即使读书也是后天自己在实践当中去学习的，他对这个社会的理解也很不全面，要和这些喝过洋墨水的，思想活跃的，又处在高速变化成长期的年轻一代的融合是有冲突的，这可以理解，但是冲突给我

① 林泽炎博士在湖北省青年企业家座谈会上的发言。

们造成了一种困惑，绝对不能让它成为一种困扰，冲突是需要沟通的。

第三，成熟是需要过程的。刚才汤总、曹总、王总、姚总、陈总等这些年轻人，你们都经历了很多血与泪的洗礼，也可能经历了很多常人不可思议的又不敢跟别人说的苦难，所以成熟是需要过程的，在这个过程当中去历练，去看到很多这样那样的事，使自己变得成熟。在实践当中去变得成熟，这是一个过程。

第四，转型是需要创新的。之所以叫“继创者”，其实你们并没有完全接班，在接班基础上有创业和创新，父辈们创办的大多是传统性的企业，在今天互联网和大数据的时代做企业，必然要转型，这个转型是需要创新的。如果没有创新，没有新业态、新模式、新的管理、新的技术、新的产品、新的工艺的创新，你可能很难在竞争激烈的市场环境中去生存。但又不能乱创新，必须是理性的创新，理性的选择。老一辈的企业家变得特别理性，在中国市场化过程当中，在社会主义市场经济体制建立过程当中，在各种弯曲的小路里面找到了一个适合他的企业发展路子，这就是我们中国的民营企业家的中国特色的发展道路。

第五，发展是需要帮助帮扶的。帮扶既包括自助，也包括他助。他助，就是党委、政府和工商联千方百计让民营企业有一种政策的获得感，必须在政策落实落地落细过程当中增强企业的政策获得感，这就是他助。自助，你们为什么不愿意加入联谊会，或者是联谊会的活动不是很好，如果在联谊会中大家能够众筹，能够整合资源，能够互助，能够找到合作的机会，就有发展了，在寻求机会的时候，发展也是需要帮助的，自助、他助是很重要的。

第六，活动是需要组织的。几个年轻人想在一起搞个活动，是需要有人号召，一定是有组织的，活动没有组织怎么可能成功呢？活动的目的何在？比如有的人是为了寻求心灵的归属感。作为组织者就要找到目的，要找到大家的共同点，在这个社会中正是由于思想价值观念的多元化决定了人与人之间的分化，在这个时候就必须找到共同的兴趣价值。毛主席等老一辈无产阶级革命家建立新中国的过程实际上就是不断寻求真理的过程，真正找到布尔什维克。统一战线就是真正团结大家建设社会主义，建设这个国家，企业也是一样的道理。

思考：你认为继创者群体最需要什么？

图 1－7　林泽炎博士与湖北省继创者代表座谈

案例思考

继承者4年倾覆40年家业

所谓“打江山难，守江山更难”。企业传承往往不是一帆风顺，虽然有很多代代繁盛的家族，但更多的家族，往往陷入“无人可传”的境地。

2014年5月8日海翔药业出炉的公告显示，原大股东、董事长罗煜竑，将手中股权作价3.8亿元悉数出让给同乡王云富，而王云富以3.8亿元的总价（单价为6.4元/股），受让公司大股东罗煜竑持有的海翔药业5 940万股股份（占总股本的18.31%）。本次交易完成后，海翔药业实际控制人将变为王云富，罗煜竑不再持有公司股份。一年多来，罗煜竑一直在大笔抛售自己手中的股权，不过与许多高管选择在高位出售股权不同，罗煜竑减持的均价相对十分低廉。包括这一次，在上市公司大规模增发、股票随之升值的前夜出手股权，从海翔药业净身出户，这让市场在百思不得其解之余，只能扼腕叹息。

海翔药业，坐落于中国最具经济活力的地区之一，浙江省台州市，成立于1966年，前身是“黄岩县海门镇日用化工厂”。该公司创办人罗邦鹏用了毕生精力，以40年的商海打拼，将这一乡镇工厂打造成上市公司。2007年以后，罗邦鹏逐渐淡出海翔药业管理层，转而退居幕后，将所持有的3 480万股海翔药业股份转让给儿子罗煜竑。“70后”的罗煜竑以24.67%的持股比例，成为海翔药业的新一代当家人。

1976 年出生的罗煜竑，毕业于北京应用技术大学国际贸易专业。毕业后便进入自家企业历练，曾在生产车间、研发中心、销售和质量管理等部门工作，2004 年之前，先后担任公司总经理助理和副总经理职务，是典型的接班路数。

坊间有传言：“某药业老总退休把位置让给儿子，结果儿子几个月在澳门输尽 5 亿元，追债的人追得太紧，没办法把股份全贱卖了才 3.8 亿元……”这一说法明显是在影射罗煜竑，不过被海翔药业工作人员否认了，说所谓赌输贱卖股份的传言并不属实。无论这一传闻是否指向罗煜竑，海翔药业易主的事实都已不可改变。从 2010 年 9 月到 2014 年 5 月，罗煜竑仅仅用了 4 年的时间，便失去了父辈拼搏一辈子打下的阵地。坊间更是传闻，作为罗煜竑同乡的王云富，一直在给他提供赌资。不管“涉世未深”的“富二代”到底是中了对手圈套，还是抵挡不住外界的诱惑，都说明他在传承这一重大任务面前能力的严重不足。罗煜竑清空海翔药业所有股权，放弃海翔药业实际控制人权限，而终成“江山易主”的局面，实在令人嘘唏不已。

思考：你身边是否有这样的事例？

观古鉴今

阿斗刘禅——一个失败的继承者

刘备的接班人刘禅本来是一个昏庸无能的人。诸葛亮在世的时候，全靠诸葛亮掌管着军政大事，他也不敢自作主张。诸葛亮死后，虽然还有蒋琬、费祎、姜维一些文武大臣辅佐他，可是他毕竟不像诸葛亮在世时候那么谨慎了。到蒋琬、费祎去世后，宦官黄皓得了势，蜀汉的政治就越来越糟了，直至蜀汉灭亡。

蜀汉灭亡，姜维被杀，大臣们死的死了，走的走了。随同他一起到洛阳去的只有地位比较低的官员郃正（即郤正）和刘通两个人。刘禅不懂事，不知道怎样跟人打交道，一举一动全靠郃正指点。之前，刘禅根本没把郃正放在眼里，到这时候，他又发觉郃正是个忠心耿耿的人。刘禅到了洛阳，司马昭用魏元帝的名义，封他为安乐公，还把他的子孙和原来蜀汉的大臣五十多人封了侯。司马昭这样做，无非是为了笼络人心，稳住对蜀汉地区的统治。但是在刘禅看来，却是很大的恩典了。

有一次，司马昭大摆酒宴，请刘禅和原来蜀汉的大臣参加。宴会中间，还特地叫了一班歌女演出蜀地的歌舞。一些蜀汉的大臣看了这些歌舞，想起了亡国的痛苦，伤心得差点儿掉下眼泪。只有刘禅咧开嘴看得挺有劲儿，就像在他自己的宫里一样。司马昭观察了他的神情，宴会后，对贾充说："刘禅这个人没有心肝到了这步田地，即使诸葛亮活到现在，恐怕也没法使蜀汉维持下去，何况是姜维呢！"

过了几天，司马昭在接见刘禅的时候，问刘禅说："您还想念蜀地吗？"刘禅乐呵呵地回答说："这儿挺快活，我不想念蜀地了。"

思考：你深入剖析过自身的弱点吗？

四、成功继创者的五种典型特征

继创者们并非都能够成功“继创”，他们大多要经历过一次甚至多次的尝试与挫败才能够取得一定阶段内的成功。通过研究发现，除了“勤奋、自信”这些品质之外，成功的继创者们一般还具有一些典型的特征。

成功继创者的五种典型特征（图 1－8）：

1. 家庭责任。
2. 共享精神。
3. 善于创新。
4. 契约精神。
5. 勇于担当。

图 1－8　成功继创者的五种典型特征

特征一：家庭责任。

具有较强的家庭责任感是传承并发扬家庭事业的根基。成功的继创者身上都带有这一典型的特征。敬爱父母，则必然珍视父母所创造的业绩，并具有强烈的传承使命感，对家庭成员的爱，则必然拥有弘扬基业的决心与激情。由此也可以看出，成功的继创者们自小的家庭关系是相对比较和睦的，生长在具有和谐优良家风中的孩子，必然识体明理，懂得感恩，这也是古今中外名门望族都十分重视家风、家训的原因所在。

方太集团创始人茅理翔先生之所以走上创业的道路，一是受他毕生奉献于军属福利企业的父亲的影响，二是受其母亲影响，她从小就教育茅理翔“要为茅家争气”。后来茅理翔先生也将这种精神与情怀传递给了儿子茅忠群和女儿茅雪飞，而茅忠群正是继创者的代表人物。

特征二：共享精神。

相对于父辈们普遍明显的个人作风，继创者们由于自幼受到良好、系统的教育，以及受到时代进步和员工结构变化的影响，他们有着明显的合作意识和共享精神，这一典型特征不仅体现在创业活动中，也体现在组织管理中。

沈阳和佳道桥工程集团的传承人陈美霖自澳洲留学归国，又到人民大学攻读 MBA，在参与管理企业的过程中，积极践行“以人为本”的管理理念，提出要让员工“体面劳动”“有尊严的生活”。从衣食住行各方面深切的关爱员工，努力营造“和谐的和佳大家庭”，员工们在企业工作，感到舒心、放心，幸福指数不断攀升。

特征三：善于创新。

善于创新就意味着善于颠覆传统，追求个性和敢于尝试，这是继创者们一个很明显的特征，它包括了技术创新、管理创新和体制创新的能力。但是，颠覆传统与追求个性并不意味着进步。创新是颠覆传统下的进化，这种颠覆与个性是对旧事物的更新与优化，绝不仅仅是单纯的标新立异，这是决定事业能否成功的一个重要因素。善于创新亦代表着善于学习，善于学习是知识经济时代的立身之本。但学什么？怎么学？往往是继创者们需要认真思考和不断探索的，切莫误入歧途。

匹克集团创始人许景南的大儿子许志华于 2005 年年初回到匹克总部接手营销工作，面对竞争日趋激烈的国内市场，如何创新与突围，成为许志华苦苦思索的头等要务。最终，经过深入的市场调研和摸索，许志华向公司董事会提交了“匹克国际化战略方案”，正式启动匹克品牌国际化战略。几经突围，“匹克”终于走向了世界，2014 年，匹克海外市场销售额达到 6.5 亿元，产品销售至全球 70 多个国家和地区。继创者许志华正是带着这种创新精神，将父辈的拼劲与自身更好的教育背景及更宽广的视野结合起来，取得了新的突破。

特征四：契约精神。

随着社会的发展，年轻一代追求公平的契约精神是时代发展到今天的必然。很多成功的继创者不但试图在自己的组织内通过弘扬契约精神，订立规章制度，创造公平的环境氛围，还会努力为构建公平的社会商业制度而奋斗。不少继创者们认为，随着社会的进步，社会法制的建设不断进步，一种好的社会契约制度体系，不仅会保障企业家合理合法经营，甚至会创造一个成功的企业和企业家。

美团网创始人王兴也是一名继创者，在传承的道路上，他选择了独立创业开辟一个全新的领域。一路走来，“美团网”凭借契约精神，造就了O2O服务领域的王者地位。王兴曾言，“美团发展到现在，是因为遵守契约精神。高层管理团队之间多次磨合但不分散的秘诀是，遵守游戏规则，把所有的事情放在桌面上谈”。契约精神帮助美团建立了创业伙伴之间的信任机制，树立了公司的诚信价值观体系，让整个公司可以按照规则行事。

现在有不少继创者选择在互联网行业进行创业，由于互联网经济的新兴和虚拟性，以及从业者的受教育程度和年龄层次，“契约精神”则成为新经济组织的必要坚守。

特征五：勇于担当。

据中国民营经济研究会家族企业委员会发布的《中国家族企业社会责任报告》披露，以家族企业为主体的民营企业目前贡献了全国大约60%的GDP，提供了80%的城镇就业岗位，完成了75%以上的技术创新。用家族企业委员会秘书长赵兹的话说，面对社会责任，家族企业绝不是旁观者，而是积极的参与者与践行者。2012年6月，在民政部中民信息中心发布的《2011年度中国慈善捐助报告》中，民营企业捐款达到281.2亿元，占当年各类企业总捐助485.75亿元中的57.9%。

成功的继创者们大多具有良好的教育背景和国际化视野，对公众事务的关注度也远超过父辈，而且相较于同辈，则具有更多的能力来参与公众事务并产生更多的社会影响力，这是一个群体发展到一定阶段的必然选择。继创者们不仅对企业经营充满热情，他们更希望通过自己的成功来推动经济发展和社会进步，而这也恰是很多继创者们再次创业的原动力所在。

“明机器人”掌门人孔尧就是一个典型代表。“明机器人”是“90后”孔尧独立创业的项目，人们可以通过按方向键，远程操控机器人行走，而机器人头部位置的iPad则会进行图像和语音的传输，就能进行实时的视频通信。产品问世后引来不少投资者的关注。孔尧曾说：“当富二代不是我能选择的，但当一个有责任的富二代是我能选择的。”他认为，责任的担当有很多层面，要对创业团队负责，也要勇于担当社会责任。他在读书时就曾去甘肃支教，创业后，他曾为上海交大捐赠了小型图书馆，还长期资助100位云南地区的贫困学生。孔尧说：“我毕竟不是一个人在努力，背后有我的家人，我的团队。”其实，从某种意义上讲，社会责任和家族责任是一体的，只有勇于担当社会责任，才能不断放大自身事业在社会中的价值。

有些人常把成功继创者的优秀归结为走运或者必然，事实上，继创者们取得成功绝不是仅仅因为具有良好的物质基础，更重要的是继创者们的优良品质和典型特征综合起作用的结果。我们不能断定一定阶段内取得成功的继创者们未来会必然具备卓越的企业家精神，但是，成功的继创者们是用他们的责任感、求知欲与合作精神加上个人的幸运推动了积极的力量和成绩的产生，他们也必将成长为新一代的企业领袖。

案例思考

创一代和继创者之间的王均豪

王均豪，均瑶集团副董事长，是均瑶集团的创始人之一。这是一位十分年轻的企业家，是中国实行改革开放以后，快速成长起来的新一代领军人物。1973 年出生的王均豪，带着一腔热忱，带着一股希望，同两个哥哥一起将家族企业做大，其成就更是令时下许多人望尘莫及。

在王均豪的心里，对于经营家族企业的承续与发展，他一直把“百年理想”作为目标。王均豪很有魄力，做事沉稳干练，思考的问题大多紧紧围绕着“百年”。

何谓“百年”？

就是打造百年老店、经典老店，这是产业持续良性健康发展的有力保障。王均瑶、王均金、王均豪三兄弟在湖南创业，起初，他们以创建民营包机公司起家，当时在国内是为首例。三兄弟魄力十足，做事不拘一格，人们笑称他们是“胆大包天”，在业界十分有名。作为均瑶集团的首创人员的大哥王均瑶，因为劳累过度，在 38 岁那年罹患肠癌，不幸殒命。大哥的离世，给王均豪兄弟沉痛的打击。尽管大哥不在了，但均瑶集团并没有因此走向分裂，在王均豪两兄弟的带领下，家族内所有成员团结在一起，企业走向更加繁荣。

王均豪的父亲没有很高的文化，但对孩子教育方面，却是十分用心。在王均豪三兄弟走出温州打拼前，父亲送给他们一句话：不管你们以后做什么事，都要摸摸胸口，讲良心。这句话成了兄弟三人为人处世的座右铭，时常挂在嘴边，一直鞭策着自己。

做企业就是要讲良心，这是企业能够长足发展的先决条件。在谈到股东利润最大化的问题上，王均豪认为，均瑶集团是家族企业，严格来说，股东就是他们三兄弟，再进行利润最大化有何意义？

家族企业的成长模式

面对“股东利润最大化”这样的说法，这种家族完全持股的方式又该怎样分配利润？王均豪也曾经问过老师，但老师并未给出一个完整的答案。其实，在王均豪心里，已经有个方略，那就是做好企业。但做好企业需要一个标准，要实现顾客、员工、股东和社会四者之间的利益平衡，要做到这一点，首先就要拍拍胸口，问问自己的良心。

良心摆正了，才不会心虚。均瑶集团实行多元化发展战略，涉足许多行业，在 1994 年进入乳制品领域，并取得不错的成绩。乳制品行业竞争非常激烈，特别是纯牛奶市场。为了提高利润、降低成本，各大乳企纷纷采取“非常手段”，有的加水、植物蛋白，有的掺入奶精，成为合成的牛奶。一场价格战下来，各大乳企可谓绞尽脑汁，不择手段。面对来自乳制品行业的逼人态势，均瑶集团要么跟着大家一起做假，要么退出市场。当然，王均豪选择了后者，2004 年，王均豪主动撤掉了该业务。王均豪始终认为，不能昧着良心做事，好人一定会有好报。2008 年“三氯氰胺事件”在全国一度引起轩然大波，国内乳制品行业受到了巨大冲击，王均豪说：“我们的情况还好，就算半夜有人敲门，也不怕‘鬼敲门’，睡得安安心心，很舒服。”

在家族企业管理模式方面，王均豪认为李锦记家族的模式十分值得借鉴。2011 年，均瑶集团举行 20 周年庆，三四百位企业家应邀出席。此次论坛的主题是“百年企业之路”，同时，均瑶集团向西部教育捐赠 2 000 万元。出席“百年企业之路”论坛的企业家中，声名最显赫者，均为第一代企业家，如联想集团董事局主席柳传志、远东控股集团董事局主席蒋锡培等。唯独有一位例外，就是来自香港李锦记集团的李惠森。作为李锦记家族的第四代掌门人，李惠森在论坛上透露，自己家族之所以能延续 100 多年，并始终和谐稳定，主要在于一个模式：成立家族委员会，下设家族业务、家族办公室、家族慈善基金、家族学习及发展中心，家族成员各司其职。这引发了王均豪的思考。当时他 38 岁，孩子正读中学，他寻思着，待到孩子长大，二代、三代成员多起来，也需要成立家族基金会，有的接管企业，有的掌管基金会。这样企业也可以健康有序地发展下去。

均瑶集团是首批加入了“全球契约”活动的企业。“全球契约”活动是 2000 年由时任联合国秘书长科菲·安南倡议并发起的。活动的主旨在于让企业承担起社会责任，特别是在遵循联合国方面的人权、劳工标准、环境和反腐败等十项原则上，要有所作为。均瑶集团加入该契约，一直严格按照契约标准，严格执行。

回报社会是均瑶集团多年来坚持的高尚品格。2003 年，国家发出支援西部的号召，共青团中央实施了大学生志愿服务西部计划，为响应这一举措，均瑶集团捐款高达 1 000 万元，并设立五年的“大学生志愿服务西部计划均瑶基金”，成为这项计划实施以来获得的最大一笔社会捐款。回报社会，王均豪一直积极行动，他不是纸上谈兵，而是真真正正地落到实处。他对中国的传统文化特别感兴趣，他说：“有道者劝以教人。我们希望在这一块发挥作用，所以一直围绕教育做。做了很多事都比较分散，看不见，摸不着。后来索性自己办学校，争取做百年名校。”

王均豪想做百年老店，要让家族企业传承百年，那么首先要做好企业。均瑶集团对于教育方面捐款很多，积极参与教育改制，学习国外先进的教育体制。均瑶集团先后捐助的两所学校，同样也喊出了“打造百年名校”的口号。王均豪的处世哲学有其独特的一面，他非常喜爱国学，尤以儒家的《中庸》最甚。在他看来，中庸之道是最为完美的处世方法。王均豪三兄弟创业之初，由于从小家境贫寒，追求物质就是最大的理想，但真的有了钱之后，却开始迷茫起来。精神层面的领悟是王均豪战胜迷茫的关键，他开始明白自己要做点什么，那就是做百年老店。而做百年老店恰恰又通过中庸之道的精神理念引导和支撑，求稳而不求快，这是稳扎稳打、步步为营的经商之道。王均豪的“中庸哲学”表现在他生活中的方方面面，比如，孩子学习成绩他不会苛求，只要维持中游的水平就很好了。

不管做什么事，王均豪都会以“中庸之道”为原则，哪怕是资产抵押贷款，他也要留20%的空间作为回旋余地。

王均豪认为做好百年老店，除了做强做大，最主要的是做久，做久的店才是经典的店，如果一家企业发展迅速，而在很短的时间内解体，那么，这其实并不算成功。中庸讲求的就是平淡中出奇，稳步前进，不会忙中出乱，也不会前功尽弃，最终会顺着自己既定的目标一点一点地实现。王均豪的中庸理念，是与他的性格分不开的，他不像大哥均瑶那么强势，也不像温商那样具有冒险精神，他只是要做自己。这个自己就是要与众不同的，他曾说：“如果百年老店做不成，不如把钱都捐掉。”

在谈到企业传承方面，王均豪也很有研究。他之所以重视教育，就是因为他的传承观念非常进步，他深知现在家族企业在“子承父业”时存在巨大问题。许多家族企业在接班人接班几年后，不是破产就是易主，真正成功接班的比例仅有30%，这一历史成绩叫他很是苦恼。王均豪说：“传承不是一天两天的事。要把孩子培养起来，让孩子知道，他不是为自己而活，而是为企业的精神、使命而活。只要把下一代培养成人，懂得为人之道，懂得儒家之理，他就会为家族荣誉而战。”他始终不忘指点后辈：要树立正确的人生观、价值观。

家族企业的传承问题一直困惑着许多人，但仍然没有成熟的办法来解决。王均豪对于后代的教育虽然很关注，但并没有表现过高的期望，正如他的中庸理念一样，可能顺其自然就是最好吧。

观古鉴今

锐意创新的赵武灵王

战国时赵武灵王——赵雍即位的时候，赵国正处在国势衰落时期，就连中山那样的邻界小国也经常来侵扰。而在和一些大国的战争中，赵国常吃败仗，大将被擒，城邑被占。赵国眼看着要被别国兼并。特别是赵国在地理位置上，东北同东胡相接，北边与匈奴为邻，西北与林胡、楼烦为界。这些部落都是以游牧为生，长于骑马射箭，他们常以骑兵进犯赵国边境。

赵雍看到胡人在军事服饰方面有一些特别的长处：穿窄袖短袄，生活起居和狩猎作战都比较方便；作战时用骑兵、弓箭，与中原的兵车、长矛相比，具有更大的灵活机动性。他对手下说：“北方游牧民族的骑兵来如飞鸟，去如绝弦，是当今之快速反应部队，带着这样的部队驰骋疆场哪有不取胜的道理?”

胸有大志要使赵国强盛的武灵王，对胡人骑兵的优越性，认识真切。他认为以骑射改装军队是强兵的道路，就对将军楼缓说：“我国处在强敌包围之中，怎么办？吾欲胡服。”因此，为了富国强兵，赵雍在邯郸城提出“着胡服”“习骑射”的主张，决心取胡人之长补中原之短。

胡服就是采用胡人的服装，即改穿短装，束皮带，用带钩，穿皮靴（图 1 –9）。胡服改制很彻底，不仅要使军队将士改穿，还要全国上下臣民都改穿，所以这一改变穿着的革新触及的层面就很广，加剧了改革的困难。赵武灵王“胡服骑射”的命令还没有下达，就遭到邯郸许多皇亲国戚的反对。公子成等人以“易古之道，逆人之心”为由，拒绝接受变法。赵武灵王驳斥他们说：“德才皆备的人做事都是根据实际情况而采取对策的，怎样有利于国家的昌盛就怎样去做。只要对富国强兵有利，何必拘泥于古人的旧法。”

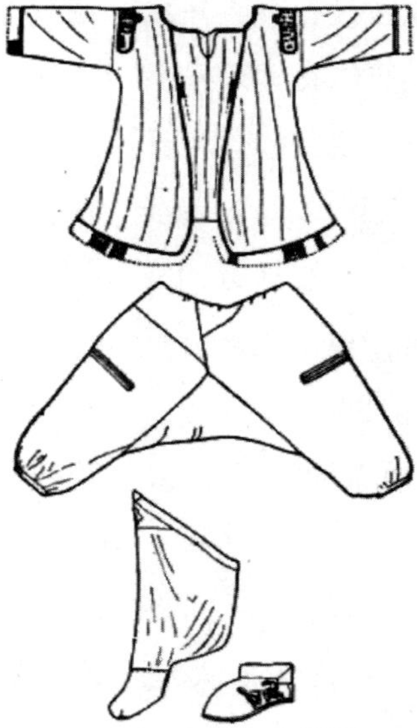

图 1－9　赵武灵王改良后的军事服饰

由于实行胡服，赵国建立起以骑兵为主体的一支军队，它在战争中的作用即刻显示出威力来。就在行胡服的次年，赵国就向侵略赵国已久的中山国发动进攻，一直打到宁葭（今河北省石家庄市鹿泉区北）。又西攻胡地，到达榆中（今内蒙古河套东北岸地区），“辟地千里”，林胡王向赵国贡献良马以求和。

公元前305年，赵国分三路大军进攻中山国，夺取了中山国的丹丘、华阳、鸱之塞、鄗、石邑、封龙、东垣等地。中山王献4邑请和，赵军才停止攻击。赵武灵王决心要灭掉中山，于二十三年、二十六年相继再攻中山国，到赵惠王三年（前296年），终于最后灭掉中山国，把中山王迁到肤施（今陕西绥德县东南）。赵国在加紧进攻中山国的同时，还向北方的匈奴侵略者出击，“攘地北至燕、代”。向西边林胡、楼烦用兵，到达云中（今内蒙古托克托县）、九原（今内蒙古包头市）。

经过“胡服骑射”改革的赵国，成为当时除秦国外，国力最强的国家。

思考：你是否有过颠覆传统的经历？

继创者语录

我们从来都没有离开过制造业，有时候站在制造业圈外，反而能找到更多对企业发展有帮助的机会。

——广东大福摩托车有限公司董事长助理，广东爱房信息科技有限公司运营总监　胡诗敏

当你的积累越来越多，变得越来越自信的时候，原来的压力会变成背后的动力来支持你。

——新希望六和联席董事长　刘畅

我的父亲是一位成功的企业家，在他身上我学到很多坚忍不拔的精神，回馈社会的胸怀。

——中国海外投资年会顾问有限公司董事长　陈丹丹

我做事的方向与父亲不同。他很少参与华帝的具体管理。所以，他也放手让我自己创业，过去十多年，都是我自己的选择。

——华帝股份董事长　潘叶江

面对一个 30 年历史的传统电力企业，我要做的就是继承父辈的精神，坚持创新，把它传承下去。

——国电华丰（北京）开关设备有限公司副总经理　戴梦泽

第二章
继创者的困境和修炼

第一节 传承障碍

重点提示："君子之泽，五世而斩""富不过三代"似乎成了一个魔咒，让很多家族事业的掌门人颇为忧虑。古今中外的大量案例也证明，能"富过三代"的家庭只在10%左右，绵延数百年的卓越家庭可谓万里挑一。传承成为家族事业的生死坎，纵览古今中外，很多大业最终倒在了接班人的问题上。培养一名优秀的继创者，是基业长青的根本，是企业家们的头等大事，这是需要两代人共同面对和完成的事情。

继创者需跨越的五大传承障碍（图2－1）：

1. 缺乏领导能力。
2. 缺乏代际沟通。
3. 缺乏创新能力。
4. 缺乏共享精神。
5. 缺乏家庭责任。

对话

甲：继创者需要从哪些方面提升领导能力？

乙：继创者需要提高决策的谋略能力、提高凝聚能力、提高工作创新能力。此外，作为一名中国继创者，从传统文化中汲取智慧进而提升领导能力也是必不可少的一项修炼。

图 2-1 继创者需跨越的五大传承障碍

甲：继创者与父辈之间如何减少代际冲突？

乙：首先，上一代必须理智对待自身观念陈旧、权威失落，积极培养子辈的经营兴趣；继创者要学习父辈的创业精神，要主动加强代际沟通形成良好传承氛围。两代人都要用同理心去看待对方，都能设身处地地从对方的角度看问题，了解对方的内心感受。其次，化解代际冲突的另一个有效方法是放手让继创者们在实践中积累经验，经历磨合。最后，要建立起良好的沟通机制和沟通平台，让家庭成员之间的平等沟通成为一种制度或者习惯。

甲：如何培养继创者的家庭责任感？

乙：每个家庭都是一棵树，孩子便是这棵树上的“果”。什么树开什么花，什么花结什么果。家庭责任感来源于家庭教育。家庭是社会最基础的单元，一个人一生所处时间最长的即在家庭中，所以在人生的前半阶段，家庭教育对于一个人整体的知识面和素质以及未来的人生观、价值观起着决定性的作用。“父母不爱，何以爱他人，一屋不扫，何以扫天下。”责任感的培养是一个人健康成长的必由之路，也是一个成功继创者的必备条件。只有具备了家庭责任感，才会发自内心热爱家族的事业，才会珍视父母创下的基业，才会孜孜不倦地愿意将事业一代代传承下去。

甲：家庭教育的重心是什么？

乙：家庭教育的重心是父母和孩子一起成长。父母是孩子社会行为习得的楷模。宋代思想家张载曾说：“勿谓小儿无记性，所历事皆不能忘。”父母在家庭生活中所表现的责任感的强弱，是孩子最先获得的责任感体验。父母对孩子的影响不仅是深刻的，而且是终身的。所以，父母是孩子的第一位老师，只要一个家庭能够做到尊老爱幼、夫妻和睦、勤俭持家、邻里团结，那么在这样的家庭里长大的孩子，就必然是具有家庭责任感的。

案例思考

李锦记家族议事会——代际沟通的范例

香港李锦记集团是华人社会中少见的长寿家族企业，从创办至今已有 128 年历史，目前已发展成员工近 5000 人的大型跨国公司，下辖酱料和健康产品两类业务。李锦记发展至今经历了清末、民国以及新中国时期，更经历了家族的两次内部纷争，最终成为百年企业。除家族几代人的努力之外，与近些年来李锦记建立正式的家族治理机构，以及施行家族宪法有深层次的关系，而这些都得益于李锦记家族建立起了家族委员会这个有效的沟通平台，它促进了代际沟通，促进了家庭成员之间的感情，奠定了家族事业蓬勃发展的基础。

1888 年，原籍广东新会的李锦裳因避乱迁居至珠海南水镇，在当地开了一家小茶寮并出售蚝豉，因为一次偶然煮蚝用时过长而发明了蚝油。李锦裳后成立李锦记，经营蚝油和虾酱产品，还顺利进军美国，1932 年，李锦裳将公司迁到香港以谋求更大发展。

随着业务发展和自己年事已高，李锦裳决定让自己的三个儿子李兆荣、李兆登和李兆南接手自己的事业。但是到 20 世纪 70 年代，三个儿子对企业发展的前景产生了巨大分歧，李兆荣和李兆登认为李锦记已经发展得相当好，不应再冒险继续扩张。而三子李兆南和长孙李文达则对公司未来的发展信心十足，并制订了雄心勃勃的发展计划，双方意见无法调和，导致家族矛盾逐渐升级。1972 年，李文达获得了准备退居幕后的父亲李兆南的支持，买下了两位叔叔李兆荣和李兆登的所有股份，并接手管理公司。李文达为此承担了巨额债务，公司第一次出现了负资产，兄弟不和对李兆南心理造成了巨大冲击。从此以后，兄弟之间不再往来，这是李锦记家族历史上的第一次分家。

在李文达的经营下，李锦记获得了长足发展。在父亲李兆南退休后，李文达邀请弟弟李文乐一起管理公司，同时给了弟弟相当可观的股份并委以重任。但是到了 1986 年，由于对企业发展的看法不同，弟弟提出退休，弟媳提出巨额的股权变现要求。李锦记再次面临分裂，冲突日渐升级，甚至诉诸法律。李锦记被法院责令停业半年，李文达后来斥巨资从弟弟手中全额回购了李锦记股权，亲人间关系剑拔弩张，从此不再往来。这是李锦记家族历史上第二次分家。

两次分家给李氏家族成员造成了深深的伤害。对于李文达而言，他不想在自己有生之年再面对第三次家族矛盾。秉承“家和万事兴”的理念，2003 年，李文达四子李惠森向家族成员提议成立家族委员会。按照李惠森的设想，李锦记家族委员会是家族核心成员的沟通平台，同时也是家族最高决策和权力机构。

目前，李锦记的家族委员会由第三代李文达夫妇及第四代的五个兄妹组成，总共七人，大家轮流出任委员会主席一职。主席要按照家族事业现状选择议题，安排日程，每 3 个月举行一次家族委员会会议，每次会议持续 4 天。家族委员会会议的第一天到第三天讨论家族内部事务，最后一天交流彼此家庭生活近况和孩子们的问题。李锦记的家族委员会会议的第一天先进行一些轻松的活动，如打高尔夫球，活跃气氛，为后 3 天创造愉快和信任的气氛，李惠森组织兄长和姐姐共同阅读，加深理解，学会相互欣赏。大家在同一环境下思考和提高，在同一个平台上沟通，不仅能将学到的知识转化为行动和成果，而且便于家族委员会的决策运作。

家族委员会主要负责家族宪法的制定和修订，关注家族价值观的传承与强化，以及全部家族成员的学习与培训。家族委员会负责挑选和委任董事会成员，通过董事会主席的任命及挑选，委任家族委员会下属各机构的负责人。

家族委员会下属 5 个部门，分别是：业务（酱料和健康产品）、家族办公室、家族基金、家族投资和家族学习与发展中心。每个项目由四兄弟分别负责，任期两年，可以连选连任。李锦记家族宪法规定：除李文达夫妇以外，其他家族委员会成员到了 70 岁便一律退出家族委员会。家族宪法在家族委员会成员超过 75% 投票同意的情况下才能修改，其他议题则可以 50% 投票通过。如果出现双方票数相同的情况，则通过摇骰子的方式决定，较高的投票门槛要求家族成员必须有充分的沟通和谅解。

李锦记家族委员会制定了人性化的议事规则，其中主要包括了两个方面：可接受行为和不可接受行为。可接受的行为包括："我们大于我"，坦诚表达，建设性反馈，畅所欲言，积极争论，对事不对人；不可接受的行为包括：负面情绪，一言堂，"我就是这样"，言行不一致，人身攻击。一旦有人在激烈辩论中失控，这些条规有助于缓和气氛，让会议继续进行。

最近几年，李氏兄妹 5 人已经在家族委员会的头三天独立召开会议，到会议的最后一天才请父母参加，为企业的平稳过渡做准备。目前的李锦记，第三代 2 位，第四代 10 位，第五代 14 位，总共 26 人。每个成员都是家族议会的成员，家族议会从属于家族委员会。李氏家族每年都举行家族旅游，26 个家庭成员全部参加。

家族宪法也随之诞生在这个平台，李锦记的家族宪法已经成为李氏家族成员人人都要遵守的根本大法。家族宪法是由家族最高权力机构家族委员会制定和通过的。制定家族宪法是为了保障家族的延续，现在制定和考虑中的宪法条文是为家族第四代、第五代，以及将来的家族成员准备的。

在一个家庭里，兄弟姐妹的兴趣、爱好、性格、学科知识背景差异大于共性，如李氏家族第四代的五个孩子接受的专业教育从食品科学与技术、市场学、财务到化工不同，大家学识不同，合作又是必需的。家族宪法成功的关键在于家族成员能够有效遵守，其来源于家族宪法的合理性和科学性。因此，解决合作与沟通问题，是形成家族宪法的必要条件。

思考：你的家庭存在哪些代际冲突？是如何应对的？

观古鉴今

朱由检——缺乏领导能力的亡国之君

作为一个领导者，最重要的能力就是识人用人的能力。而明朝崇祯帝朱由检却恰是一个不会用人的亡国之君。

崇祯皇帝在位 17 年，朝中阁臣要员像走马灯一样更易。先后出任阁臣的 50 余人，吏部尚书 13 人，兵部尚书 17 人，刑部尚书 17 人。由于他的喜怒无常，这些阁臣、尚书下场大都悲惨，多数是罢官、遣戍，有的被关入牢狱，甚至被诛戮。作为朝廷钦差的总督、巡抚，下场亦惨。其中总督为他所诛者多至 11 人，巡抚被他所戮者亦达11人之多。这不仅在明代，就是在中国历代帝王中都是罕见的。他这样凶横地践踏朝臣，群臣自然也不会死心塌地为他效劳尽忠。崇祯帝所固有的罕见的猜疑，使他直到临死之时，还认定他不是亡国之君，而臣下则全是误国之臣、亡国之臣。在这种异常的心理状态下，使他对朝中大臣没有一个不存戒心，这种多疑多忌，在他与臣下之间筑起了一道无法填补的鸿沟，并使他机关算尽，作茧自缚。其间，崇祯皇帝的用人之策的确发人深思。

一是朝三暮四，随意择相。如周道登，正式任命后又觉其奏对浅薄，立即罢去。文震孟正值盛年，一心持正讽谏，崇祯遂以其讥己，仅两月即罢去其职。其他阁臣或数月，或半年，或一年，或两年即去位者，比比皆是。

二是待贤无方，有才不用。如韩扩是崇祯再次召回的知大局识大体的顾命老臣。崇祯元年十二月到任，崇祯三年正月罢去，任期仅一年。孙承宗才兼文武以阁臣兼治兵，崇祯二年十一月受命于危难，崇祯四年十一月罢去，任职仅两年。办事极有活力的刘鸿训，只因背后说了句“皇上毕竟太年轻”，就为崇祯所忌恨，必欲置之于死地，因众臣力救才得免死，充军后死于戍所，其任职不足半年。

性宽厚、识大体的成基命，在袁崇焕问题上一再请求崇祯处置慎重，被少年自负且气盛的崇祯斥之为“因循”。成基命以为多事之秋，治国如理乱丝当逐步理出头绪，崇祯则以为治国当操切，要纠之以猛。总之，其见解不合崇祯的口味，任职不足半年就被周延儒代替。

以刚方贞介的崇高人品著称，又精于《春秋》经书，以做皇帝讲官而入阁的文震孟被称为颇具古贤之风的醇儒。他主张对穷困痛苦的人民实行抚绥而不是屠杀镇压的政策，宽免多年积累的赋饷，反对全国性的竭泽而渔，在位仅两月而罢。

后期起用的学问渊博见识甚多的蒋德璟，关心民瘼，条奏救荒事宜，提出不可夺民田，应允许人民开荒和重视农田水利。崇祯皇帝根本不采纳蒋德璟提出的很多建议，仍一意孤行，蒋德璟怏怏不得志，任职不足两年便被罢相。

三是阁中庸才比比皆是。问钱谷不知，问甲兵不知，问民间疾苦不知的士大夫猎取相位的，除前述的周道登浅薄不值一提以外，更奇特的还有一群是利用崇祯狐疑阴暗的心理向上爬并久居相位的。原来崇祯心中疑臣结党，有意抑制言官，言官对谁弹劾越多意见越大，崇祯不问是非反其道而行之，就越提拔谁任用谁，借以体现皇权的专横，唯我独尊，至高无上。

身患恶疾且形容奇丑、庸劣无知的张四知被提拔重用就是一例。给事中张淳表奏张四知任国子祭酒时贪污，其他各官也有上言相附的。张四知利用崇祯的党疑心理力辩，说自己无党，所以为人妒忌，孤立而无援助，从而触动了崇祯。桃明恭、魏照乘也都是众人公认的无才德的庸才，也是因为言官们的弹劾，崇祯竟荒谬绝伦地于崇祯十一年下诏，令三人同入阁。

四是接踵任用奸相。在五十余次任相中，崇祯寻觅到一串“知音”。第一位是周延儒。周延儒早在二十来岁时便春风得意，会试、殿试中第一，得了状元，且容独美，性情警敏，善察人意。入仕初，他单独被召对于文华殿与崇祯皇帝做长时间交谈。这次交谈竟使崇祯如鱼得水，好似刘备得了孔明一般，表示："朕以天下听先生。"于是，崇祯首次打破规矩，于崇祯二年十二月，特旨拜周延儒为东阁大学士，次年春，又加封其太子太保，进文渊阁大学士。周延儒又援引温体仁入阁，迫使首辅成基命下台，以周延儒为首辅。周延儒、温体仁并相，以"柔、佞"媚崇祯。崇祯所宠田贵妃纤研娇小，多才艺，幼长于扬州。周延儒特在江南寻巧精制苏绣花鞋敬献田贵纪，甚至在鞋口上若明若暗地绣上"臣少保武英殿大学士内阁首辅周延儒拜"米粒小字，以讨贵妃和皇上欢心。他在相位三年半之后，被温体仁暗算排挤去位，但又于崇祯十四年九月被皇上再次召回做首辅，前后为相达五年之久。虽然他最终被皇上赐死，但这庸驽并无才略的贪官落此下场，也算天网恢恢。

比起周延儒来，温体仁更善于利用崇祯的心理。他对人表面上温良恭俭让，而实际猛蛰刺骨，机关算尽。他攀附周延儒，千方百计赢得皇上的好感，从而排挤并代替了周延儒，"独居相位八年，官至少师兼太子太师进吏部尚书中极殿大学士阶左柱国，兼支尚书俸，思礼优渥无比"，但从未对边境民生建一策、设一谋。每逢崇祯问他军国大事，他就老实承认自己只值得写八股文章，军国大事只有请圣明的皇上裁决。崇祯却不以为温体仁无能不称职，反觉温体仁"朴忠"而愈加亲信。

魏藻德是崇祯十三年进士，殿试时由崇祯亲自选中状元。其人华而不实，有口才善吹牛。崇祯只通过唾沫星星盲目揣度魏藻德有抱负有才气，甚至还可能力挽狂澜，因此，破格提拔他为首辅，其人其实只有一个本事，那就是倡议百官出钱捐助以解决明朝财政危机。李自成入京师，刘宗敏追赃，入阁总共不足四年的魏藻德出万金，可见其贪污成性，私囊才如此充实。

总之，崇祯统治时期的吏治混乱，体现了从中央到地方大吏任、免、罢、杀的大翻炒！古来有一句至理名言：“治大国若烹小鲜（小鱼）。”任何稍悉烹小鱼奥妙的掌勺人都知道，不能用炒勺勤炒勤翻。崇祯的悲剧就在于，他是这个世界上最蹩脚的掌勺人，他不停地对国家和人民炒、翻、穷折腾，搞得国家面目全非，天怒人怨，最后连同他自己也在“炒锅”中化为灰烬。

思考：你认为作为一个领导者哪项能力最重要?

第二节　成长路径

重点提示：不同的继创者来自不同的家庭、不同的行业，也有着各自不同的教育背景和内心世界，成长的细节必然各不相同。但是，一个合格、优秀的继创者，其成长的路径大抵是相似的，其一般规律是有迹可循的，在通往成功的道路上，没有终南捷径，没有一蹴而就。不管继创者们是如何地特立独行，还是按部就班，如果想在秋季里收获，就必然要经历春风夏雨的洗礼。

结合当前的社会现状，总结起来，要想成长为一名优秀的继创者，有以下六大路径（图2－2）：

1. 正确的家庭教育。

2. 有力的政府关怀。

3. 良好的社会舆论。

4. 系统的学校教育。

5. 深入的外部实践。

6. 严格的自我修为。

图2－2　成长为优秀继创者的路径

1. 正确的家庭教育

家庭教育是学校教育与社会教育的基础。家庭教育是终身教育，它开始于孩子出生之日（甚至可上溯到胎儿期），婴幼儿时期的家庭教育是“人之初”的教育，在人的一生中起着奠基的作用。孩子上了小学、中学后，家庭教育既是学校教育的基础，又是学校教育的补充和延伸。可以说，家庭教育是人生整个教育的基础和起点，家庭教育是对人的一生影响最深的一种教育，它直接或者间接地影响着人生目标的实现。

“家庭教育模型”（图2－3）：

（1）“做人之道”由“身心健康、为人处世”两方面组成。

（2）“立志之道”由“探寻真理、规划人生”两方面组成。

（3）“创造之道”由“知行合一、善于创新”两方面组成。

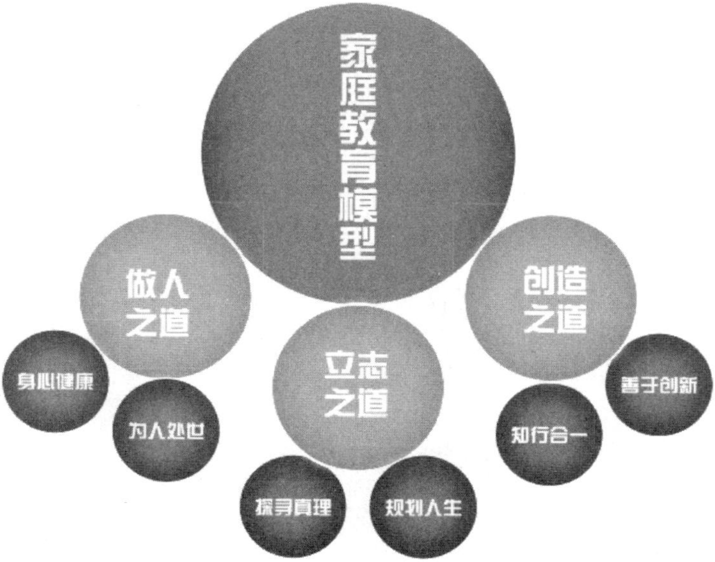

图2－3　家庭教育模型

对话

甲：继创者的家庭教育现状如何？

乙：事实上，很多继创者的家庭教育并不完备，由于父母在创业初期巨大的工作量，难以有更多时间在家庭教育上投入更多精力，在子女教育问题上往往是心有余而力不足。有的父母由于与孩子一起生活的时间少，因此有“补偿”心理，通过满足孩子的物质需要，来表达对孩子的关注，也由此反复刺激孩子的“物质欲望”；有的父母在孩子面前并不约束自己的言行，且为了表明自己的“能干”，总爱表露用钱和权可以搞定一切，把生意场上和官场上的一些潜规则带进家庭；还有一个很重要的原因，就是父母身边的人对孩子百般呵护，孩子呼风唤雨，即便父母告诉他不要张扬，但是孩子却认为自己生活在一个为所欲为的“王国”。这对于孩子的成长都极为不利。所以，近几年出现很多“二代”的负面案例，导致社会对“二代”群体的偏见，归根结底就是家庭教育的缺失和错位。

甲：为什么说“富贵难教子”？

乙：中国古谚说“富贵难教子”。不少“二代”的家庭教育失败，有共性原因，也有突出的个性原因。从共性原因看，当今的家庭教育有将家庭关系变异为分数关系、成绩关系的趋势，父母普遍关注孩子的成绩，却不关注孩子的身心成长；在父母对孩子的教育中，不管是富裕人家，还是一般家庭，基本的价值观念也是一致的，即普遍崇尚“权势”与“财富”，把父母的权势、家庭的财富，无形中转变为孩子的社会地位。这种“权势观”和“财富观”，会对孩子的成长产生深远的影响。

甲：家庭教育的目标是什么？

乙：就是为健全个人身心发展，营造幸福家庭，以建立和谐社会，而透过各种教育形式以增进个人和家庭生活所需之知识、态度与能力的教育活动。我们中华民族历来重视家庭教育，曾经大多数家庭有成文或者不成文的家风、家训或者家规，有关家庭教育的古代文献如司马光的《家范》、颜之推的《家训》、诸葛亮的《诫子书》、朱熹的《治家格言》等，都是传统文化中有代表性的家庭教育范本。

甲：继创者当前的家庭教育有什么新的情况？

乙：由于继创者所处的家庭与一般家庭有很大的不同，父母在家庭教育上就必须要倾注更多的心力，特别是随着家族内新生命的诞生，更需要上几代人从最初就十分重视家庭教育的每个环节。此外，当前的家庭教育还有一个普遍的现象就是，原有的家庭教育主导者发生了变化，由原来父母主导的家庭教育演化为现在由祖父母、外祖父母或者保姆主导或者参与主导，这就给当下的家庭教育提出了更高的要求。

甲：继创者的家庭教育有哪些特殊之处？

乙：企业家家庭因其特殊性，家庭教育的主导者们除了应掌握一般的家庭教育理念之外，还需要在以下几个方面对子女着重加强教育：①树立正确的财富观；②增强家族的荣誉感；③接受商业氛围熏陶；④促进家人的亲密度；⑤锻造顽强的意志力（图2-4）。

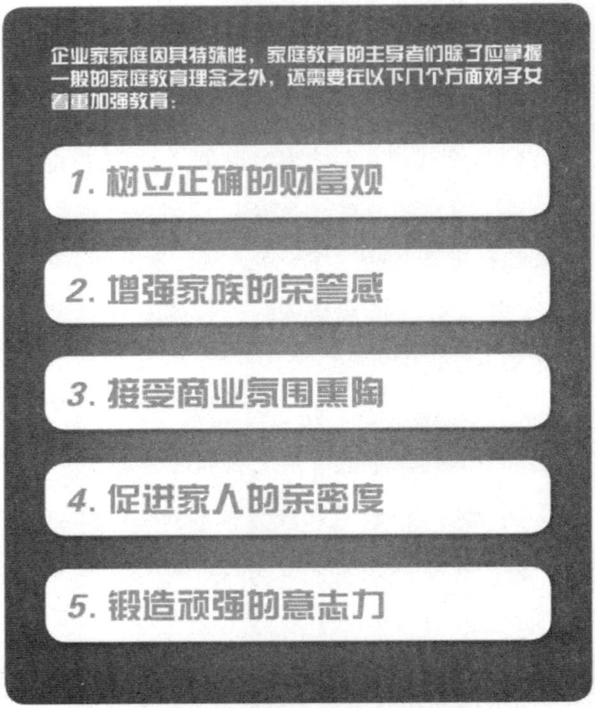

图2-4　继创者家庭教育的特殊之处

甲：正确的财富观是什么？

乙：正确的财富观应该是："不藏富——回报社会；不炫富——节约低调；不仇富——尊重劳动；不崇富——防止贪婪。"

如图2-5。

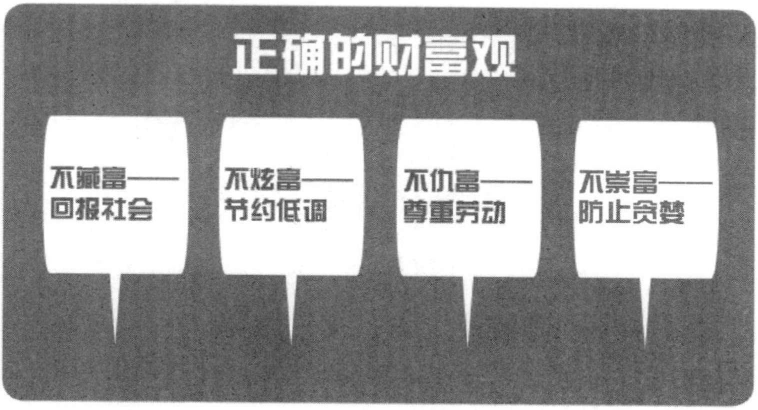

图2-5 正确的财富观

甲：怎样增强家族的荣誉感？

乙：可通过以下方式增强家庭成员的家族荣誉感（图2-6）：

（1）修订撰写家谱。

（2）加强敬祖礼仪。

（3）提炼家训家规。

（4）强调全员参与。

甲：怎样提升继创者的意志力？

乙：可以从以下几方面入手（图2-7）：

（1）培养体育特长；

（2）参加体力劳动；

（3）有效管理时间。

甲：如何让继创者接受商业氛围熏陶？

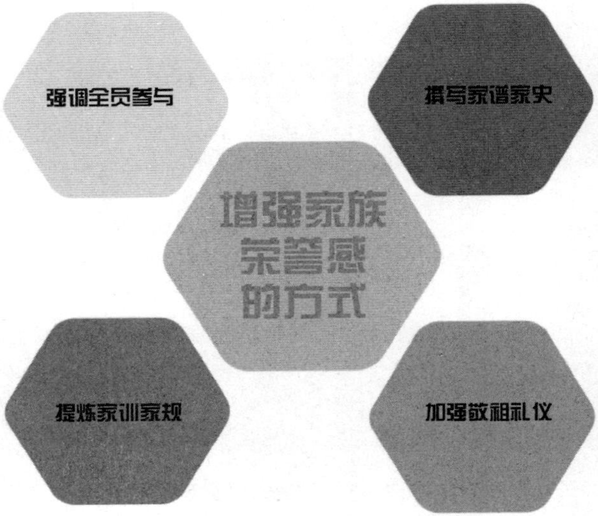

图 2－6　增强家族荣誉感的方式

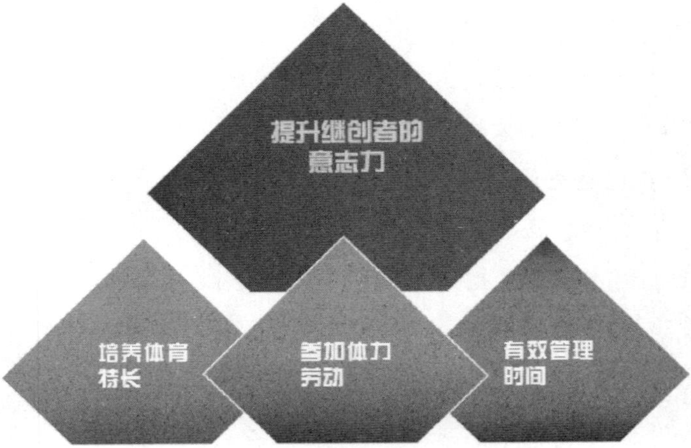

图 2－7　提升继创者的意志力

乙：可以做到四个深入（图2－8）：

（1）深入企业经营现场

（2）深入企业管理过程

（3）深入父母人际活动

（4）深入商业案例探讨

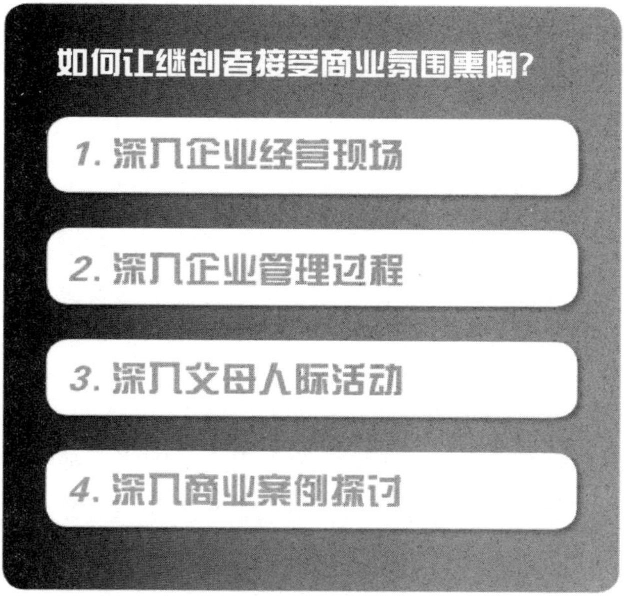

图2－8　继创者接受商业氛围熏陶的方法

2. 有力的政府关怀

民营企业的继承与创新绝不仅仅是企业家的家事，更是国事。

继创者们没有经历过什么风险挑战和生活磨炼，很多有长时间在国外学习、生活的经历，对国情、党情、社情以及所在行业和企业缺乏深刻认识。党和政府应该充分重视这一问题，关注、关心、关爱继创者群体，充分发挥工商联的职能和作用，探索“民企二代”到政府部门、国有企业、社团组织以及其他优秀民营企业挂职锻炼等办法，进一步拓宽他们的视野，加深他们对世情、国情、党情的了解，提升经营管理企业和解决实际问题的能力。

3. 良好的社会舆论

我们的新闻主管部门应多宣传优秀的继创者代表，加大对优秀继创者的宣传，改善他们的公众形象，提高他们的自豪感和荣誉感，增强他们的发展信心。正确评价和对待继创者群体的素质、业绩、缺点和工作失误，在全社会营造一个关心爱护继创者群体的良好氛围。

4. 系统的学校教育

学校教育是个人一生中所受教育中重要的组成部分。个人在学校里接受计划性的指导，系统地学习文化知识、社会规范、道德准则和价值观念。学校教育从某种意义上讲，决定着个人社会化的水平和性质，是个体社会化的重要基地。

1996 年国际 21 世纪教育委员会向联合国教科文组织提交了报告《教育——财富蕴藏其中》，其中核心的思想是教育要使学习者“学会认知”“学会做事”“学会共同生活”和“学会生存”。这一思想很快被全球各国所认可，并被称为学习的四大支柱。继创者们的成功和卓越，离不开优质、系统的学校教育，包括境内外学习的经历、工作后的继续教育，都会对自身的提高起到积极的作用。

5. 深入的外部实践

继创者到企业外部参加实践，到远离父母影响力的环境中锻炼，是提升自我的最有效途径。平静的湖面锻炼不出强悍的水手，若只是在家族企业内部锻炼，则很容易成为外强中干的领导者。

6. 严格的自我修为

自我修为包括自我道德教育、自我道德锻炼和自我道德改造等过程。它是个人道德活动中的重要方面。现代社会自我修养的主要内容有：思想政治修为、道德修为、文化修为、审美修为、心理修为。

外部的约束和监督是最重要的，但是内心的自我修为也是必不可少的，作为一名继创者，要清醒地认识到，企业的竞争说到底是继创者自身的竞争，优秀继创者是当今和未来最短缺的资源。

案例思考

李嘉诚的教子术

李嘉诚是一位“严厉”的父亲。正所谓“严师出高徒”，大富豪李嘉诚的“严厉”可能是他两个儿子这一辈子最大的财富。李嘉诚的出身十分贫寒，加之赶上战争年代，使他从小就知道生活的疾苦。艰难岁月之中走过来的人是最能体会生活的艰辛的，而李嘉诚的儿子李泽钜、李泽楷在小时候却不能理解父亲的做法。

在许多人看来，父辈辛苦创业，下一代就一定少吃苦，尽量给儿孙辈更好的生活条件，不让他们再同父辈一样受罪，这是很大众的思维。但作为成功人士的李嘉诚，却不这样认为，他有他独特的教子方法。他有私家车，有专职司机，却叫两个儿子挤电车、巴士，两个孩子非常不解，甚至质疑他们的父亲是不是像别人说的那么富有。李嘉诚并没有因为孩子们的质疑而放弃这种做法，他认为，在电车、巴士上能见到社会中的不同职业不同阶层的人，能够体会到最真实的生活，这是真实的社会；而坐在私家车里，外界事物就很自然地被屏蔽掉，孩子很可能认为世界本就该是坐在舒服的私家车里的感觉，从而疏离真实的社会。待孩子慢慢长大，他们也一定会被这种感觉逐年包裹，以致终成愚蠢之人。

李泽钜和李泽楷出生在如此殷实的家庭，却不能像其他人家的孩子那样享受奢华的生活。李嘉诚在教育孩子方面一直恪守原则，他很少给两个儿子零花钱，他总是鼓励他们孩子自己动手，自己去挣零用钱。这可能是李嘉诚儿时的经历让他在对待孩子的独立能力层面非常严格。两个儿子在父亲的指引下，很小的时候就开始做杂工。令人惊讶的是，李泽楷将辛苦挣来的钱尽数捐给了更为困难的孩子。这一举动使李嘉诚大为震惊，孩子们懂得了独立，懂得了勤劳，懂得了帮助别人。李嘉诚对两个儿子充满了期待。

拥有巨量财富的李嘉诚，不仅要求儿子勤俭节约，对自己也从不放松。他不舍得买名贵的手表，不舍得扔掉穿了多年的西装，不舍得换一所更大更敞亮的房子。李嘉诚高尚的做人品格深深地影响着李泽钜、李泽楷兄弟俩：一个人最重要的不是赚钱的多少，而是做人的高度。即便已经成年，仍然需要虚心学习做人的道理，如果说做生意赚钱是评判一个人对于社会价值的标准，那么学会做人就是衡量他对社会的最终砝码。

李嘉诚没有念完小学，现在说起来还不免面露遗憾之色，他也因此非常努力地学习，闲暇时间总会看书，不断地弥补自己查找出的欠缺。这样勤奋的父亲自然是两个儿子最好的老师，他们以父亲为榜样，也一样勤奋努力。李嘉诚信奉《论语》《庄子》里面的处世哲学，仁、智、礼、义、信的国学经典论断更是被他作为处世的“法宝”，“诚实守信”，是他经商多年从未离开的话题。李嘉诚 14 岁丧父，在给父亲选墓地的时候，曾经被人欺骗，骗子看他年纪小，便将已经埋有别人尸骨的墓地转手卖给他，这一事件给年幼的李嘉诚很大的影响。他不敢相信，居然有人甘愿冒着被死人诅咒的风险而行欺诈之事，那些人利欲熏心、极度贪婪。李嘉诚知道自己被骗了，只得另寻墓地。这一事件倘若今天看来，恐怕不足为奇，骗子的猖獗已经尽显内心的嚣张，但当年只有 14 岁的李嘉诚却被这令人发指的行为惊到了，不过由此之后，他更加明确自己的人生方向。在人心险恶的当下社会，一颗诚实善良的心是多么难能可贵，又有多少商家能够真正做到诚实守信呢？李嘉诚不忘初心，他不管遇到多大的困难，抑或是面对来自社会上的种种诱惑，都能够一直秉承自己多年定下的准则：做一个讲良心的人。

李嘉诚身上的闪光点同样照亮两个儿子前方的路，李泽钜、李泽楷一直以来深受父亲的熏陶和感染，两个人同样将正直做人的理念铭记在心。李泽钜、李泽楷从小受到父亲的细心教导，使他们早早就摆脱掉了“富豪家族多纨绔”的称号。两兄弟积极努力，勤奋上进，都以优异的成绩毕业于美国斯坦福大学。毕业归来的两兄弟信心满满，都想在自己企业里大展拳脚，可是却被“严厉”父亲拒绝了。李嘉诚希望两个儿子能够通过自己的努力来证明他们有能力胜任在自家企业中所担任的职务。两兄弟受到父亲的激励，更是奋发图强，不断提升能力。

如今，李泽钜和李泽楷都已经成为举足轻重的商界大腕，李泽钜帮助父亲共同经营家族企业，而李泽楷更是以近百亿元的身价成为世人瞩目的商海巨鳄。看到两个儿子真正地成长起来，李嘉诚倍感欣慰，他曾自豪地说：“即使我不在，凭着他们的才干和胆识，都足以独立生活，并且养家糊口，撑起家业。”

李嘉诚的成功之处不仅在于他能经商成功，更是在于他能教导出两个同样出色的后辈。教育后人，最好的方法不是教他怎样最快地赚取金钱，而是让他们学会做人的道理，一旦他们能够透彻地领悟这个道理，那么，赚钱也只是迟早的事情。谦虚、正直、善良、诚信已经是李嘉诚业已形成的家风，也正是他独到的处世哲学给予后生晚辈越来越多的处世经验，或许，读懂了他的“哲学”，也就读懂了他的人生。

在谈到家族企业的继承方面，李嘉诚表示，他愿意将两个儿子放在同别人一样的位置上，如果两个儿子不能胜任企业的发展重任，也并非不用李家之外的人来继续管理。从一这点上看，李嘉诚始终把企业的良性发展放在第一位，可能这也将会成为企业苛求未来接班人选的先决条件。

思考：你的父母是如何教育你的？

观古鉴今

曾国藩的教子之道

曾国藩的一生，谦虚诚实，教子有方。他的大儿子曾纪泽诗文书画俱佳，又自修英文，成为清末著名外交家；二儿子曾纪鸿研究古算学也取得了相当的成就，但他不幸早逝；他的孙辈也出了曾广钧这样的诗人；曾孙辈又出了曾昭抡、曾约农这样的学者和教育家。

曾国藩在教子方面有三个要点给人启迪：

1. 教育子孙读书的目的在于明白事理

他致力于培养孩子们读书的兴趣，注意观察他们的天赋、潜能，在此基础上再进行培养、雕塑。他认为一个人只要身体好，能吟诗作文，能够明白、通晓事理，就能有所作为，就不怕没有饭吃，就会受到人们的尊敬。他认为当官是一阵子的事，做人是一辈子的事；官衔的大小不取决于自己，而学问的多寡则主要取决于自己。

2. 教育子孙要艰苦朴素

曾国藩在京城时见到不少高官子弟奢侈腐化，挥霍无度，胸无点墨，且目中无人。因此，他不让自己的孩子住在北京、长沙等繁华的城市，要他们住在老家。并告诫他们：饭菜不能过分丰盛；衣服不能过分华丽；门外不准挂“相府”“侯府”的匾；出门要轻车简从；考试前后不能拜访考官，不能给考官写信；等等。因此，他的子女因为自己的父亲是曾国藩反而更担心自己的言行不够检点、学识不够渊博而损害自己父亲的声誉。所以他们磨砺自己，迎难而上、奋发图强。

3. 身教重于言教

曾国藩很重视自己的一言一行对自己的孩子的影响，从小事做起，凡要求小孩子做到的，先要求自己做到。他生活俭朴，两袖清风。他在吃饭遇到饭里有谷时，从来不把它一口吐在地上，而是用牙齿把谷剥开，把谷里的米吃了，再把谷壳吐掉。他要求曾纪泽、曾纪鸿也这样。他日理万机，但是一有时间，就给小孩子写信，为他们批改诗文，还常常与他们交换学习、修身养性的心得体会。

“家中养鱼、养狗、种竹、种蔬四事。皆不可忽。一则上接祖父以来相承之家风，二则望其外有一种生气。登其庭有一种旺气。”此等“小事”，列入家教，可见其细致入微。

他还拿出毅力改正不良习惯，戒掉了多年来养成的抽烟习惯，为子弟们做出好榜样。“十月二十一日立誓永戒吃水烟，自今已两月不吃烟，已习惯成自然矣。”

在教育孩子的过程中，曾国藩既是父亲又是朋友；既是经师又是人师。他赢得了孩子们的尊敬和爱戴，他的孩子们都非常钦佩、崇拜他，把他视为自己的人生偶像和坐标。

思考：你是如何教育你的孩子的？

继创者语录

我了解我们这一代人的内心，外表冷漠，内心却充满激情。

——福建泉州丹尼斯特服饰董事长　李宏辉

我最想感谢爸爸妈妈，如果没有他们前期的支持，教会我怎么经营，我的店铺也开张不了，很多事也不会做，也没有后面的故事了，现在回想起来爸爸妈妈应该是我踏入社会的第一任导师。

——浙江义乌网店创业者　周嘉成

父母不干涉我的商业决定，平时各做各的，他们商海浮沉多年，眼光独到，人脉也广，给我带来很多信息和帮助。

——广东邦华集团有限公司董事长　扶而立

我在美国留学时不仅送过啤酒，还销售过厨具。父辈留给我们更多的是创造财富的能力。

——广东科明达集团有限公司总裁　张敏明

在我看来，事业就是为家人过上更好的生活，为社会做出应有的贡献。

——北京华义世纪医药科技有限公司总经理　柏涛

第三章

“富过三代”的顶层设计

第一节　传承问题清单和制订传承计划

重点提示：继创者成功接班的顶层设计就是站在企业的层面对企业传承的整体谋划，对制约企业传承的全局性、关键性问题进行顶层判断，提出解决问题的整体思路和框架，即企业交接班的“蓝图”（表3－1）。

表3－1　企业传承问题清单①

问题名称	问题名称
1. 上一代是否有交班意愿	15. 是否建立有企业传承导师制
2. 子女是否有接班的意愿	16. 企业传承的内部沟通是否通畅
3. 子女是否具备接班的基本条件	17. 是否考虑过接班人应急预案
4. 两代人的冲突是否可调	18. 是否考虑过企业家应急预案
5. 子女不能接班总经理怎么办	19. 是否有家庭议事平台
6. 是否考虑过企业非亲情传承	20. 是否有家训、家规
7. 是否建立有传承领导小组	21. 如何分赠家庭财产
8. 是否有职业经理人进入机制	22. 亲属如何安排
9. 是否有元老退出机制	23. 如何选择接班人
10. 是否考虑基于传承的公司治理转型	24. 接班人如何培养
11. 是否考虑基于传承的企业文化转型	25. 接班人团队如何打造
12. 是否考虑基于传承的管理模式转型	26. 是否考虑过接班人控股
13. 是否考虑基于传承的企业战略转型	27. 企业债务风险如何防范
14. 是否有企业基本法	28. 企业家退休收入如何保障

① 刘靖民，刘春波，杨宗岳．顶层设计决定传承成败［M］北京：新华出版社，2015.

续表

问题名称	问题名称
29. 企业家退休生活如何职业化	32. 企业领导权何时交接
30. 涉企婚姻财产如何保全	33. 企业领导权如何交接
31. 如何设计企业继承税	34. 是否考虑过传承预算

提示：请补充你认为还需要关注的传承问题。

科学有效的传承计划是成功传承的基础。没有明确的传承计划，容易形成“雄主暮政”的局面，强势的第一代会淡化继创者的作用，减少继创者的锻炼机会，不利于继创者成长和个人权威的建立。没有明确的传承计划，继创者不可能得到系统的、有计划的、有目的的训练，从而延缓接班进程。没有明确的传承计划，家庭的凝聚力也很容易产生分裂。此外，企业对创始人的领导技巧、人脉资源、管理诀窍等无形资产普遍存有极强的依赖性，缺乏计划的企业传承，很可能导致这些宝贵资源的流失。

财产所有权、经营决策权、经营管理权的处置方式决定了家族企业传承的三种基本模式：

1. 三权通吃，即子承父业：上一代将三权都传给子女。

2. 三权分离，即职业经理人制：企业主保留财产所有权，将经营决策权和经营管理权交给职业经理人；或者企业主保留财产所有权和经营决策权，将经营管理权交给职业经理人。

3. 三权通让，即企业易主：企业主将三权都让渡给非家族成员。

第三章
“富过三代”的顶层设计

对话

甲：子承父业有哪几种形式？

乙：子承父业也通常有三种形式：①子女平等掌权、共同接班，即所谓的理想模式。②授权给最优秀的子女，即所谓的实用模式。③子女另立门户，即所谓的分灶模式。

甲：子承父业这种模式的关键点在哪里？

乙：子承父业的关键是接班人的权威。对一个家庭而言，子承父业的具体形式取决于家庭价值观、家庭教育方式、企业规模和业绩等诸多因素。如果子女们树立不起自己的威望，那么指望形成一个基于家庭共识的“理想模式”就不现实了。假如接班人的能力、素质、品行、威望与上一代相差太大，就极容易引起企业内乱。因此，三权通吃模式的关键在于上一代加强对子女的培养。通过科学合理的接班人成长计划，把接班人打造成德才兼备的“少帅”，保持其能力优势。

甲：所谓“三权”，是指哪“三权”？

乙：三权是指财产所有权、经营决策权和经营管理权。

甲：三权分离的职业经理人接班模式如何适用？

乙：一是子女协助父母掌握财产所有权和经营决策权，职业经理人行使经营管理权。二是子女协助父母掌握财产所有权，职业经理人行使经营决策权和管理权。

案例思考

子承父业的继承模式

浙江有家生产电风扇的企业，产品基本出口，年销售额为5 000万元左右。企业创始人在儿子大学毕业后，把他送到市外贸公司实习，一年后让儿子回到公司，负责出口业务。两年时间，公司的销售额翻了一番。于是，父亲就叫儿子花一年的时间担任车间主任助理，熟悉整个制造及质量控制，然后又用一年时间负责采购及财务预算，这时公司销售额又翻了一番，达到了2亿元。这时，父亲很明智，主动退居二线将职权交给了儿子，从儿子进入公司算起第六年，公司销售额已达到3亿元，父亲现在大约有一半时间到处旅游，让儿子全面挑起了担子。

还有温州一家生产电器开关的企业，已做到1亿元的销售额，产品全部用于出口。企业主的儿子大学毕业后就结了婚，父亲主动安排小夫妻俩都进入了企业，儿子任销售副总，负责销售工作；儿媳妇任总经理助理，负责人事行政工作。第二年，公司销售额增长了50%。儿子仍负责销售，儿媳妇的职权扩大到采购、财务。第三年，公司的销售额达到了2.5亿元。儿子除了抓销售外，又负责了新产品开发。儿媳妇的职责扩大到生产与质量控制，并升任副总。这位父亲准备3年以后让儿子任总经理，儿媳妇任常务副总。

思考：面对企业传承，你有计划了吗？

案例思考

美的集团职业经理人接班

2012年8月，美的集团宣布，集团创始人何享健不再担任集团董事长，方洪波接替何享健担任美的集团董事长，并兼任美的电器董事长兼总裁。而何享健只担任美的集团的控股股东——美的控股有限公司的董事长。

调整完成后，美的集团正式完成职业经理人和企业创始人的交替，集团董事会将由清一色的职业经理人担任。

继2009年何享健不再担任美的集团最大下属企业——美的电器的董事长之后，美的集团2009年8月25日宣布，何享健不再担任美的集团董事长，而只是担任美的集团的控股股东——美的控股有限公司董事长；方洪波接替何享健担任美的集团董事长，并兼任美的电器董事长兼总裁，原日电集团总裁黄健担任美的集团总裁，原机电集团总裁蔡其武担任美的集团高级副总裁，原集团副总裁袁利群、黄晓明分别担任美的集团高级副总裁，栗建伟担任美的控股有限公司总裁。同时美的集团和旗下二级产业集团将进行专业职能体系的整合。

调整完成后，美的集团董事会将由清一色的职业经理人担任。公司表示，此次美的集团董事长的顺利交接，标志着美的集团正式全面迈入了职业经理人掌控的新时代。

公开资料显示，新一届美的集团董事会成员方洪波、黄健、蔡其武、袁利群、黄晓明、栗建伟、李飞德等大多具有硕士学历，年龄处于35～45岁的个人事业黄金期间，普遍在20世纪90年代初加入美的集团，平均为公司服务达到15～20年。而新接任的董事长方洪波，从1992年加入美的开始，从基层员工开始历练，之后成为企业业务骨干，并先后担任美的空调事业部内销总经理、空调事业部副总经理和总经理、美的副总裁、董事局副主席和总裁等职（图3－1）。

思考：如果你的企业选择职业经理人接班，你有合适的人选吗？你认为职业经理人最重要的品质是什么？

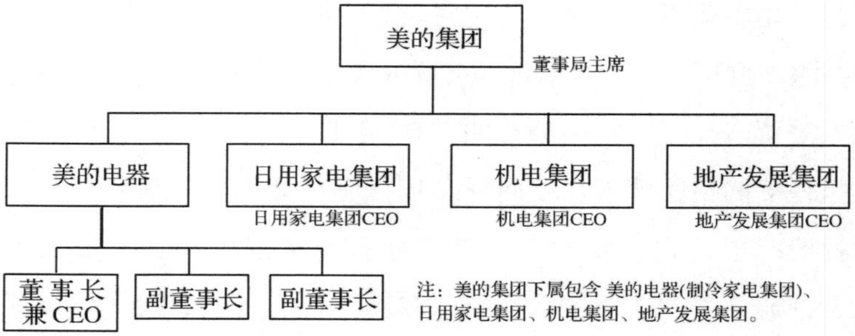

图3－1　美的集团高管团队

观古鉴今

缺乏传承计划的短命秦朝

秦始皇嬴政生前没有立太子，但是秦始皇心里合适的接班人并非胡亥，而是长子扶苏。胡亥是秦始皇最钟爱的一位皇子，但秦始皇是非常有远见的，虽然很钟爱胡亥，但他从政治角度出发是不考虑让胡亥做皇帝的。扶苏这位公子，在性格上面比较柔顺，而且做事考虑周到，顾全大局。虽然经常和秦始皇对抗，但是秦始皇从心里觉得扶苏能委以重任。其实，秦始皇心里明白他自己做的很多事不太得民心，他希望下一任在这些事情上能做些弥补，扶苏正好符合这些标准。

为什么扶苏最后没有当上皇帝呢？原因在于扶苏被秦始皇派到千里之外，和蒙恬修建秦国工事。其实，这件事，是秦始皇用心良苦，当时的蒙恬手握大秦三分之一的兵马。秦始皇是想让扶苏跟蒙恬多磨合历练。但嬴政离世太突然，传承计划全被打乱，圣旨被胡亥篡改，秦始皇最信任的人蒙恬、扶苏核心力量都不在身边，所以就被胡亥篡权。一代雄主秦始皇虽然成就了皇图霸业，但由于心中没有周全的传承计划，导致秦王朝匆匆收场。

思考：你觉得你们家庭两代人之间的综合差距大吗？

观古鉴今

晋商的“身股”“银股”模式

清代晋商的辉煌持续了几百年，其中“身股”和“银股”的完美结合是晋商持续不衰的主要原因。与当代商业理念结合，晋商的主体出资方就是大东家，也就是现在的董事长；晋商的大掌柜也就是现在的总经理。大东家出资所代表的股份叫“银股”，大掌柜、师傅、伙计、学徒等人出力所代表的股份叫“身股”，晋商普遍采用的是身股比例高于银股。也就是说做事的人比出资的人拿的钱要多，有些晋商的身股比例远高于银股，这样做事之人都自认为事情是为自己做的，所以大家都全力以赴地把事情做好。同时经营风险主要是由大东家承担，所以为大家的努力工作解除了后顾之忧。

以往的晋商大家，好比如今的财团和投资公司。大东家除了提供足够的启动和运作资金之外，最重要的就是根据自身的从业领域，聘用合适的大掌柜。聘用了大掌柜后大东家要放权，经营权必须要由大掌柜全部掌控。晋商的杰出代表乔致庸在这一点上，做得绝对完美。一个驰骋商场多年的经商大家，说放手就做到绝对放手，这不是一般商人所能达到的境界。“士为知己者死”，乔致庸更做到了连仇人也为自己死。

晋商的大掌柜具有绝对的经营权，是身股的股份代表。下属从业人员从学徒开始干起，根据实际表现和贡献进行升职和加身股。大掌柜拥有完整的人事决定权，所以经营团队的管理自然可以做到公正严谨。从业人员的收益，也完全与自身的努力和贡献挂钩，所以大家都是想方设法地努力把事情办好。就是遇到了天灾人祸，大家也能齐心协力共渡难关，所以晋商能顺利通过战乱和政局更替的考验。

思考：晋商“身股”和“银股”相结合的模式运作，使企业的员工可以成为企业的主人，这对你的企业股权改革是否具有启发？

第二节　组建机构和确定任务

重点提示：企业传承机构是企业传承的中心。要完成企业传承，光靠企业家本人远远不够。企业家只要具备传承意识，剩下的事情由传承机构来完成即可。传承机构主要包括传承领导机构、家庭内部沟通机构、企业董事会等。传承机构的名称可以根据企业实际情况自行决定，如传承办公室、家族办公室、战略发展部等名称皆可。

传承机构的三项职能：

1. 在企业家主持下进行企业传承顶层设计。

2. 协助企业家选择传承模式，制订传承计划和管理方案，检查传承进度与成效。

3. 在企业传承活动中扮演协调者的角色。

一旦传承计划进入编制程序，第一件事就是明确传承的基本任务和相关细节。确定传承计划必须完成的八项任务：

1. 确定传承领导机构的存在理由和职责。

2. 确定企业传承模式的细则。

3. 确定家庭治理的攻略，包括组建家庭议事平台、制定家族训法、家规、分赠财产、亲友安排等方面的实施细则。

4. 确定基于传承的公司治理转型、管理体系转型、战略转型、文化转型、元老与高管推出安置、职业经理人激励机制等实施细则。

5. 确定接班人的选择和培养、接班人导师的选择、接班人团队打造等方面的实施细则。

6. 确定企业家财产保全、债务风险、收入保障、退休生活职业化等方面的实施细则。

7. 确定应对意外事故的传承预案。

8. 确定传承计划的管理方案。

对话

甲：在企业传承中为什么要设立传承机构呢？

乙：虽然企业家是传承的中心，但是企业家往往事务繁忙，容易将工作拖延而导致贻误传承时机。此外，借助外力、借助集体的智慧可以避免和减少因企业家焦躁、考虑不周、犹豫不决、拖延时间等导致的不利于传承的情况发生。

甲：如何有效化解企业传承中家庭成员存在的分歧？

乙：家庭成员对于家族企业传承有着不同的利益诉求和意见分歧，这属于正常现象，化解分歧的最有效方式，就是搭建有效的“家庭交流平台”，如设立家族议事会、家庭沟通日、家族学习与发展委员会等。名称可以根据每个家庭的实际情况而定。

甲：企业董事会在传承过程中发挥什么作用？

乙：董事会是公司常设决策机构，对股东负责。在传承过程中，凡是涉及企业的事务，均由董事会负责，具体负责人通常是董秘。

甲：家庭财产分赠计划需要暗箱操作吗?

乙：家庭财产分赠应该让受益人预先知道，并按现实的预期规划自己的生活。减少家庭成员之间的误解。要记住，企业财产所有权与家庭财产应结合起来分配。

甲：为什么要制订传承计划的管理方案?

乙：保证传承计划有效落实的关键是传承领导机构的管理。把一个复杂的企业系统由一代人传给下一代人，整个过程是非常艰难和复杂的，每一个环节都需要有效的管理。

案例思考

李锦记家族委员会

2003 年，李惠森向家族成员提议成立家族委员会。按照李惠森的设想，李锦记家族委员会是家族核心成员的沟通平台，同时也是家族最高决策和权力机构。

目前，李锦记的家族委员会由第三代李文达夫妇及第四代的五个兄妹组成，总共七人，大家轮流出任委员会主席一职。主席要按照家族事业现状选择议题，安排日程，每 3 个月举行一次家族委员会会议，每次会议持续 4 天。家族委员会会议的第一天到第三天讨论家族内部事务，最后一天交流彼此家庭生活近况和孩子们的问题。李锦记的家族委员会会议的第一天先进行一些轻松的活动，如打高尔夫球，活跃气氛，为后 3 天创造愉快和信任的气氛，李惠森组织兄长和姐姐共同阅读，加深理解，学会相互欣赏。大家在同一环境下思考和提高，在同一个平台上沟通，不仅能将学到的知识转化为行动和成果，而且便于家族委员会的决策运作。

家族委员会主要负责家族宪法的制定和修订，关注家族价值观的传承与强化，以及全部家族成员的学习与培训。家族委员会负责挑选和委任董事会成员，通过董事会主席的任命及挑选，委任家族委员会下属各机构的负责人。

家族委员会下属 5 个部门，分别是：业务（酱料和健康产品）、家族办公室、家族基金、家族投资和家族学习与发展中心。每个项目由四兄弟分别负责，任期两年，可以连选连任。李锦记家族宪法规定：除李文达夫妇以外，其他家族委员会成员到了 70 岁便一律退出家族委员会。家族宪法在家族委员会成员超过 75% 投票同意的情况下才能修改，其他议题则可以 50% 投票通过。如果出现双方票数相同的情况，则通过摇骰子的方式决定，较高的投票门槛要求家族成员必须有充分的沟通和谅解。

李锦记家族委员会制定了人性化的议事规则，其中主要包括了两个方面：可接受行为和不可接受行为。可接受的行为包括“我们大于我”，坦诚表达，建设性反馈，畅所欲言，积极争论，对事不对人；不可接受的行为包括负面情绪，一言堂，“我就是这样”，言行不一致，人身攻击。一旦有人在激烈辩论中失控，这些条规有助于缓和气氛，让会议继续进行。

思考：你的家庭是否能够建立起这样的沟通平台和沟通机制？如果能够建立，你打算如何建？如果不能，你认为最大的障碍是什么？

观古鉴今

江南第一家——浦江郑氏家族

浙江省浦江县的郑氏家族，以孝义治家名冠天下。自南宋建炎年间始，历宋、元、明三朝，十五世同居共食达三百六十余年，鼎盛时有三千多人同吃一锅饭。其孝义家风多次受到朝廷旌表，洪武十八年（1385 年），明太祖朱元璋亲赐“江南第一家”。

郑氏大家庭里组织严密、分工明确，统治成员有 18 种职务 26 人，分别为宗子、家长等。各种职务互相牵制，形成一个网络式的多层管理结构。而家庭统治者可以经众议罢免，另选贤能之士，反映出我国上古时期尧舜禹三代的遗风。虽然家族成员众多，却井然有序：8 岁的孩子入家塾，16 岁入大学（即东明精舍），成年男子从事稼穑、畜牧、园艺、运输。妇女则从事纺织和其他内部事务。收成上缴祠堂。60 岁以上的人可以退休，免去劳作，由大家共同赡养。人们每天黎明即起，钟响四下，洗漱；钟响八下，全体成员到祠堂聆听训诫；然后，男进同心堂，女进安贞堂，三千多人同时进膳竟悄无声息；饭后集体出工。

“江南第一家”还有一部长达168条的《郑氏规范》。其中规定出去做官的子孙，一旦被发现有贪赃枉法的行为，就要被宗族开除，死后牌位也要被扔出祠堂。这种在大家族中“削谱黜宗”的惩罚，很管用。所以，当地农民很自豪地对我们说，宋元明清，郑宅有173人做官，最高做到了礼部尚书，没出一个贪官。

思考：古代的宗族制度自然有很多不合乎人性的地方，但也有很多值得称道的地方，你认为上述案例中的郑氏家族的治家方法有哪些值得我们今天借鉴？

第三节　开启传承计划

重点提示：企业有序传承离不开和睦的家庭和家族精神，如果家庭内部出现了缺陷，企业和家族迟早会因此落败。

一、家和万事兴

若想保持家庭和睦，企业家必须认真思考三个问题：

1. 如何处置财富与权力的关系。
2. 如何解决分家与做百年老店的矛盾。
3. 选择接班人的依据是否合理。

对话

甲：血缘亲缘对于企业经营重要吗？

乙：虽然血缘亲缘关系不等于绝对可靠，但家庭成员更容易在困难时期相互扶持也是不争的事实。历代商业家族、政治世家也大多将亲友、同乡作为创业的根基人脉。

甲：企业用人在“任亲”与“任贤”方面如何平衡？

乙：家族企业的双重属性决定其“用亲”与“用贤”是基本矛盾，解决矛盾最有效的出路是统一用人标准，亲友也好，职业经理人也好，都需要照章办事，不搞特殊。

案例思考

真功夫的“内战”

真功夫餐饮管理有限公司是全国快餐行业前五强中唯一的本土品牌。1990 年由潘宇海先生在东莞长安创办，截至 2014 年 3 月，真功夫门店数量达 570 家，遍布全国 40 个城市。

真功夫的发展之路可以说是十分崎岖的，这期间还因为家族内部的动荡，险些葬送掉整个产业。1990 年 6 月 18 日，17 岁的潘宇海在东莞市长安镇 107 国道边上开办“168 甜品屋”，主要经营甜品和快餐生意。潘宇海在美食方面极有天赋，加上经营有道，该店很快就在当地打开市场，并得到当地人的认可，店面也因此扩大了规模。潘宇海的姐夫蔡达标和姐姐潘敏锋在 1994 年经营的五金店倒闭，二人一时间成为无业游民，无事可做，潘宇海十分同情二人，便主动出让甜品屋 50% 的股份给姐姐姐夫，这样，蔡达标和潘敏锋以出资 4 万元的成本各分得股份 25%，三人共同经营店面，真功夫家族企业的模式也由此成型。

遗憾的是，蔡达标的个人生活十分糜烂，潘敏锋因无法忍受，最终做出了离婚的决定，并于2006年9月正式离婚。离婚时，潘敏锋并未取得子女的抚养权，为了争得抚养子女的权利，她将持有的真功夫25%的股份尽数转让给了蔡达标。此时，公司规模不断扩大，家族事业步步登高。利益熏心的蔡达标想通过“去家族化”改革来取得整个公司的控制权。由于潘宇海对于改革并未持反对意见，蔡达标的改革手段便大胆起来，为排除异己，他从2007年开始先后聘请了原肯德基、麦当劳的一批高管，并成功排挤掉原创业元老周明、易伟正等早期功臣。虽然此举是向潘宇海十分明显的挑衅，但潘宇海并没有过多在意。

到了2008年，蔡达标和潘宇海的权力之争已近白热化，一向隐忍避让的潘宇海甚至被蔡达标逼得连公司大门都不能进去。潘宇海要求清查真功夫财务账目，也被蔡达标一口拒绝。

2009—2010年，潘宇海拿起法律武器开始维权，通过知情权诉讼开始司法审计。司法审计发现了蔡达标违法犯罪线索，并于2011年开始对蔡达标立案侦查，同年3月17日，真功夫多名涉案高管被审查，蔡达标畏罪潜逃，4月，蔡达标被公安机关在厦门抓获。至此，真功夫餐饮管理有限公司的“内乱”方始平息。蔡达标因犯职务侵占和挪用资金罪，被依法判处有期徒刑14年，并处没收财产人民币100万元。

平定“蔡达标之乱”后，潘宇海又重新回到了他一手创办的公司。蔡达标因为经营不善，公司此刻已经陷入困境。潘宇海凭借他过人的才能，使公司很快走出了绝境，并扭亏为盈，再次走上了正轨。

思考：在你的企业里，家庭成员之间的关系是否复杂？你思考过一旦出现家庭成员纷争的处理方法吗？

观古鉴今

一代商圣范蠡的传承遗憾

中国的家族企业最早可以追溯到春秋战国时期的范蠡，他协助越王勾践灭了吴国之后，“乘扁舟浮于江湖”，与儿子一起经商，富甲一方。他认为善于经营致富的关键是：能够任用贤人，懂得把握时机。在 19 年的时间里，范蠡三次赚了千金之财，两次都散给了贫穷的朋友和远房同姓的兄弟。到了晚年，范蠡精力衰竭，把产业委托给了子孙，变成了家族式的企业。子孙们继承了他的产业，继续滚雪球式的发展，终于有了家财巨万。

但范蠡在儿子的培养方面有着严重的问题。问题最大的当然是范二，在他杀人被捕后，身为父亲的范蠡似乎并不吃惊，还说“杀人而死，职也”，大约范二平素就爱惹祸。而容易被忽略的，则是范大的问题。这位长子因父亲不派自己去拯救弟弟，自以为这是“不肖”，以自杀相胁迫。其最大的问题，并非上述重财，而是过于看重自己。他当然是真想救弟，也真想为家省钱，但或许连他自己都未必自觉的是：他最想的其实是证明自己。

作为一代商圣，在事业上是成功的，但在最为基本的“齐家”方面，他只做到了一半，即在聚财意义上能够“齐家”，却未能在子女的传承上做到“齐家”。所谓“知子莫如父”，其实，更重要的是“教子莫如父”，不“教”而“知”，“知”有何益呢？

思考：为什么不少企业家对家庭成员多有付出，但最后却没有培养出合格的接班人？你觉得原因出在哪里？

二、家庭议事平台和家风家训

家庭议事平台的创立，对于有效治理家族、平衡家庭成员的权力和利益、促进企业传承富有极重要的前瞻意义。

组建家庭议事平台的必要性：

1. 通过家庭议事平台化解传承分歧。
2. 将家庭的核心价值观传递给下一代。
3. 避免家庭成员干扰企业决策。

对话

甲：家庭议事平台一般有哪些人员组成？

乙：家庭议事平台邀请所有有血缘关系的、与股权相关的家庭成员参加。

甲：家庭议事平台都商议哪些主要内容？

乙：只商议讨论家庭内部问题，如家庭建设、家风家训、家庭教育、家庭愿景、理想价值、家庭往事、生活心得等。

家庭行为规范（家风家训）是一个家庭的行动纲领和制度，成文的家庭行为规范是一个家庭精神财富的载体，是家庭治理的

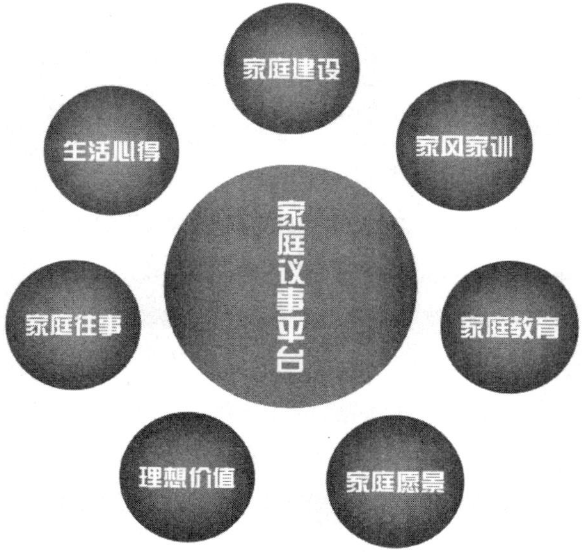

图 3－3　家庭议事平台

依据和依靠。家庭行为规范的具体名称可以自行定取，可以叫“家族宪法”“家规”“家训”“条约”等。

家庭行为规范的主要内容包括：

1. 家庭组织机制。

2. 家庭成员的权利与义务。

3. 子女培养机制。

4. 家庭成员退出企业机制。

5. 家庭文化及企业文化。

6. 家庭成员冲突调节机制。

7. 家庭成员行为规范。

8. 修订程序等。

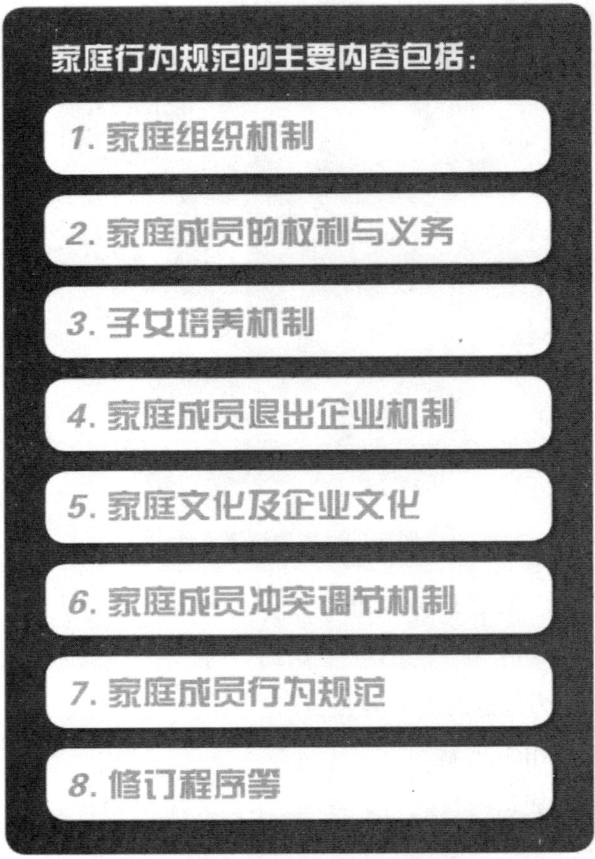

图 3-4　家庭行为规范主要内容

对话

甲：制定家庭行为规范的目的是什么呢？

乙：目的是在家庭框架内解决家庭问题，不断完善家庭治理，实现第一代向后代的传承。

甲：制定家庭行为规范是新事物吗？

乙：中国自古就有家规家训，流传了几千年了。这是一种优秀的文化传承方式。西方很多家族也有成文的家族制度，比如沃尔玛、欧尚、福特等。华人企业里的李锦记家族的家族宪法制度已经运行得非常成熟了。现在，我国很多家族企业尚未提炼自身的核心价值，制定家庭行为规范正是树立良好价值观的最佳入口。

案例思考

李锦记家族宪法基本内容①

1. 家族组织机制

家族（学习与发展）委员会是整个家族的最高权力机构，下设家族办公室、家族投资中心、家族基金、家族业务中心、家族学习与发展中心。目前，家族委员会核心成员 7 人。

家族委员会每三个月召开一次家族会议，会期 4 天。前三天由核心成员参加，后一天则是家庭成员全部参加；核心成员轮流担任会议主持人。开会时不谈企业经营，主要研究和学习家族宪

① 刘靖民，刘春波，杨宗岳．顶层设计决定传承成败［M］．新华出版社，2015.

法、家族价值观，以及对第三、四、五代成员进行培训。

2. 家族成员的权利与义务

坚持家族控股原则，具有血缘关系的家庭成员才能持有公司股份。下一代无论男女，只要具有血缘关系，就有股份继承权。

董事局一定要由非家族人士担任独立董事。酱料和保健品两大核心业务的董事长必须是家族成员，CEO 可以外聘。家族委员会决定下设机构的负责人人选，任期均为两年，可以连任。

3. 接班人的培养机制

对于是否接手家族企业，下一代拥有自主选择权。后代要进入家族企业，必须符合三个条件：一是读书至少要大学毕业，之后要在外面公司工作 3 ~ 5 年；二是应聘程序和入职后的考核必须和非家族成员相同，必须从基层开始做起；三是如果无法胜任工作，可以给一次机会，若仍旧没有起色，和非家族成员一样要被炒鱿鱼，如果下一代在外打拼有所成就，企业可在需要时将其挖回。

4. 家族成员的退出机制

家族委员会成员除李文达夫妇外，其余人年满 70 岁退休。如果有人因个人原因退出董事会或公司，股份可以卖给公司，但仍然不离开家族，仍是家族成员，可以参加家族会议。

随着家族企业发展，部分家族成员退出企业不可避免。为了维护家族的所有权、经营权，家族成员有义务在退出企业前提早通知家族。家族设立流动基金，用于购买退出成员的股权。只有在其余家族股东不希望接手可转让的股份时，股份才能卖给外界人士。

5. 家族企业文化

核心价值是务实、诚信、永远创业、思利及人、造福社会、共享成果和家族第一。

6. 家族成员冲突调节机制

家族会议可以很好地化解家族成员之间的矛盾，避免发生激烈的冲突。家族成员要在家族框架内解决冲突，一般冲突调解分为三步：

第一步，成员间非正式沟通；

第二步，家族议事会调解；

第三步，第三方介入。

7. 家族成员行为规范

家族宪法中规定了家族成员不可逾越的行为规范，如宪法中对接班人有三条特别规定——不要晚结婚、不准离婚、不准有婚外情，尤其后两条，一旦有成员违反，就要自动退出董事会。

8. 家族宪法的修订程序

家族宪法内容的制定和修改，必须经过家族议事会75%以上的成员通过，而一般家族事务的决议超过50%就算通过。家族宪法规定修改流程：家族议事会每年对家族宪法进行一次审查，并听取所有成员的意见；在家族议事会授权下，也可由第三方进行审查。

李锦记家族宪法已经过多次修订，目前仍然在完善中。

思考：如果你的家庭制定行为规范，将包括哪些基本内容？

观古鉴今

梁启超家族的精神秘诀

2016 年 4 月 14 日，梁启超先生的小儿子梁思礼去世，文化世家梁氏家族再次吸引了人们的目光。

梁启超的祖父梁维清是清代秀才，梁维清曾在当地为官，组织乡团抵御太平天国运动，享有一定威望，他的父亲梁宝瑛也是一位有才学的正直之士，在当地很受人们尊重。梁启超是影响了中国近代社会的政治家和思想家，梁启超的九个子女，人人成才、各有所长，被誉为“一门三院士，九子皆才俊”，梁氏家族的后人们至今仍活跃在世界各地和各个领域。梁氏家族生生不息、闪耀春秋的秘诀是什么呢？

“读书为本。”梁家先祖受“田可耕兮书可读，半为农者半为儒”的影响，虽曾务农但不忘读书，这为梁氏子弟奠定了良好的家庭环境。梁启超的长辈在当地享有很高的威望。可谓“言传不如身教，身教不如境教”。读书学习是一个家庭绵延兴旺的根基所在。

“家教为重。”梁氏家族特别重视家庭教育，这和现代教育理念一脉相承。父母是孩子的第一位老师，家庭是孩子的第一课堂。从梁启超写给子女们的 400 余封家书中，可以窥见梁氏家教的魅力。在家书中，梁启超对子女们读书、写字、学习课程，选择学校、选择专业、选择职业、日常生活、体育锻炼等方面都给予指导，可见父母对子女教育之用心用力和深深的爱意。梁启超的长子梁思成、长媳林徽因，夫妻同修，不仅夫妇二人做出了一番成就，还培养出了梁从诫这样的著名学者。脍炙人口的“你是人间的四月天”，就是林徽因写给儿子梁从诫的深情诗句。

“爱国为先。”梁氏家族的一个显著特征就是与国家的命运紧密相连，这和梁家对子女的爱国思想教育分不开。梁启超小时候，祖父就经常给他讲爱国故事，民族英雄们矢志抗敌、视死如归的不屈精神，扎根在了心灵之中。梁启超对他的子女，同样如此。这种精神最能够让孩子开阔胸襟，树立志向，可谓“读史使人明志”，一个人的志向越高远，他的才能发挥的就可能越多。梁启超很注重把自己的爱国情怀传给子女们，在家书中他常教育孩子们把个人努力和对社会的贡献紧密地联系在一起，以报效祖国。梁氏 9 个子女 7 个留学海外，皆学有所成，却无一例外都回到祖国，体现了爱国家风的良好传承。

梁氏家族代表人物简介

梁启超（1873—1929）：字卓如，号任公，又号饮冰室主人、饮冰子、中国之新民等，广东新会人，中国近代著名思想家、文学家、学者，戊戌维新运动领袖之一，著有《清代学术概论》《中国历史研究法》《中国近三百年学术史》等，其著作合编为《饮冰室合集》。

梁思顺（1893 – 1966）：梁启超长女，诗词研究专家、中央文史馆馆员。

梁思成（1901 – 1972）：长子，著名建筑学家、中央研究院院士、中国科学院学部委员。

梁思永（1904－1954）：次子，著名考古学家、中央研究院院士、中国科学院考古研究所副所长。

梁思忠（1907－1932）：三子，西点军校毕业，参与淞沪抗战。

梁思庄（1908－1986）：次女，北京大学图书馆副馆长、著名图书馆学家。

梁思达（1912－2001）：四子，经济学家，合著《中国近代经济史》。

梁思懿（1914－1988）：三女，著名社会活动家。

梁思宁（1916－2006）：四女，早年就读南开大学，后奔赴新四军参加革命。

梁思礼（1924－）：五子，火箭控制系统专家、中国科学院院士。

梁从诫（1932－2010），梁思成之子，毕业于清华大学，曾任云南大学历史系主任、中国国际关系研究所研究员、全国政协常委。

三、合理分家和安排亲属

家庭财产分赠是否合理决定家族企业传承的成败。家庭内部必须对家产分赠问题及早做好准备，以免日后家庭成员间产生冲突。

常用的股权分配方式有如下 10 种：

1. 各继承人之间平均分配股权；

2. 主要继承人（企业交接班后的一把手）拥有控股权；

3. 各继承人根据自己对企业的贡献获得相应比例的股权；

4. 设立一定的继承人必须达到的标准来分配继承股权；

5. 各继承人出资赎买股权；

6. 上一代企业主拥有控股权；

7. 家族控制企业所有权，在家庭内部有十分明确的股权分割；

8. 由整个家族控制企业所有权，并不准备对企业所有权进行分割；

9. 存在多个接班人和多个企业的情况下，谁经营企业谁控股；

10. 将企业传给一个继承人，然后资助另外的继承人创建新的事业。

继承过程会直接影响部分亲属的既得利益，基于传承的亲属安排，最重要的是制定原则和机制，与员工一视同仁，照章办事。

如何合理安排亲属？

1. 制定安排和使用原则，照章办事。

2. 为心怀不满的亲属创造宣泄的平台。

3. 建立方便的亲属退出机制。

4. 编制亲属安排方案。

对话

甲：如何避免企业家做出不合理的财产分赠计划？

乙：家产分赠决不能企业家一个人想当然地自己说了算，要广泛听取独立董事、传承顾问、管理顾问、法律顾问、配偶及好友的意见，最终制订出最合情合理的方案。

甲：诸子均分企业财产是不是最合理的？

乙：在贡献不等的情况下，搞平均主义是不公平的，由此导致的纷争与经营失误可能毁掉企业，结果对大家来说都不公平。

甲：家族企业亲属的范围是哪些？

乙：是与企业股权有传承关系的家庭成员，包括父母、配偶、亲生子女。其亲属包括家族成员的亲戚及企业主夫妻的兄弟姐妹等。

案例思考

名门的遗产纠纷

名人遗产纠纷是近年比较受关注的话题，这里要说的是著名国画大师许麟庐的遗产纠纷案件。

许麟庐，山东蓬莱人，国画家，书法家，书画鉴赏家。他先是得到著名画师溥心畬数年指点，后又拜得名师齐白石，学艺13年，画工十分了得。2001年8月9日晚18时13分许麟庐在北京去世，留下了72件字画和3把紫砂壶，这其中就有齐白石真迹24幅，另外，还有徐悲鸿等著名画家作品，总估价约为人民币

21亿元。

如此稀世的巨额遗产，顿时引起许麟庐八个儿女的注意，他们甚至将自己母亲告上了法庭。王龄文女士是许麟庐的妻子，二人共育有八个子女，长子许化杰、二子许化儒、三子许化夷、四子许化迟、长女许美、二女许丽、三女许嫦、四女许娥，其中长女许美、三女许嫦已经去世。2012年，许化夷要求分割父亲留下的字画等遗产，并将95岁高龄的母亲及两个哥哥告上了法庭，许丽的三个女儿和许嫦的女儿也参与其中，也要求分割姥爷留下的遗产，同时，其他三位没有起诉的子女也表示不会放弃继承权，丰台区法院则将他们一并追加为共同原告。但由于此案涉及遗产数额巨大，丰台区法院将该案移交给北京二中院受理。

在许麟庐去世之前，曾经立下遗嘱，要求妻子王龄文继承其全部遗产，但这一说法被他的部分子女否定，有人认为该遗嘱是假的，并表示财产应该由所有子女共同分割，而不是由王龄文一人独占。北京市二中院在几次开庭审理该案之后，认定遗嘱有效，许麟庐的全部遗产归95岁高龄的遗孀继承，但其部分子女仍然不服。2017年2月，北京市高级人民法院对著名国画大师许麟庐继承纠纷案作出终审判决，终审维持二中院作出的驳回许麟庐部分子女要求继承许麟庐遗产诉讼请求，许麟庐遗产归其遗孀所有。

思考：你认为制定遗嘱是最有效的财产分赠方式吗？

案例思考

海鑫钢铁企业传承的一点启示

2015 年 9 月，曾经是国内钢铁龙头的海鑫钢铁集团正式宣告破产。一时间，这个家族的跌宕往事再次被社会各界瞩目。2003 年，海鑫钢铁集团董事长李海仓意外去世，时年 22 岁的儿子李兆会匆忙中断海外学业回国，并由李海仓之父李春元安排接班，被委任董事长一职。当时，李海仓的创业搭档、时任副董事长的辛存海，李兆会的五叔、时任总经理的李天虎，以及同样有海归背景的六叔李文杰，均可“辅佐”李兆会，延续李海仓的钢铁基业。然而，据海鑫内部人士透露，在爷爷李春元的默许下，李兆会先是将创业元老、海鑫集团副董事长兼党委书记辛存海调离权力核心，之后，李兆会的五叔李天虎也被巧妙地“赶走”。后面的情节，便是昙花一现，日薄西山。

十三年弹指而过，海鑫钢铁今日之局面，其实在那时已经埋下伏笔。而李氏家族的族长李春元老先生则是这一幕的奠基之人。当然，李老先生的本意绝非如此。事后分析，李春元先生当初的决策有哪些不足之处呢？

李兆会仓促接班为一误。让一个 22 岁没有社会阅历的孩子中断学业，匆忙接班，这无疑太过仓促，虽然表面上来看是由于企业创始人突发意外事故所致，“子承父业”理所当然，但这并不是唯一的最佳对策。李兆会应该继续安心完成学业，然后回国在其他企业进行锻炼，待年龄、阅历、时机成熟之际，再进行接班，或者也可根据李兆会本人意愿只继承所有权。可能李春元担心夜长梦多，时局生变，担心李兆会日后万一被“削权逼宫”，大业易手，对不起李海仓的在天之灵。这其实都是受传统固化思维影响较深的缘故。其实完全可以由李春元设计出合理的接班计划，由律师介入，从法律上对接班计划予以保障。如果李兆会继续完成学业，并且在其他企业安心历练，假设十年之后再接班，就不会做出后来很多心智不成熟的举动。

疏远企业元老为二误。李海仓的创业搭档辛存海也是海鑫集团的灵魂人物之一，有着丰富的管理经验和行业经验，多事之秋本应倚重元老，但是辛存海却被排挤出权力核心，这无疑是企业的巨大自损。在企业危难时刻，本应大力倚重企业元老，让企业保持元气，同时由企业元老着力培养年轻人，成为接班团队成员，为企业未来交接班做好人才储备。待时机成熟，可让企业元老合乎情理地逐渐退出权力核心。而不是觉得元老碍手，一脚踢开，失去砥柱民心，造成企业人才流失和断层。

分散家族凝聚力为三误。在李春元的支持下，李兆会的五叔、时任总经理的李天虎，本可“辅佐”李兆会，延续李海仓的钢铁基业，但是却被赶出核心管理层。李兆会将自小与其亲近的六叔李文杰带进海鑫，随后几年一直担任海鑫集团总裁，成为李兆会的心腹。作为父亲的李春元，面对众多儿女，不能够凝聚起家族内部的力量，这也是一大失误。据说在 2015 年 3 月底李家的闭门会议上，李春元曾提出过在家族内解决海鑫问题的方案：李春元和李兆会的几位叔叔，每人拿出 1 亿元左右的资金，实现家族内部融资，帮助海鑫集团先启动其中一个高炉，以缓解当前的危机。但这一方案遭到了李兆会五叔李天虎的抵制。在海鑫钢铁的老员工老赵看来，这一说法可信度很高。“当年李天虎被扫地出门，现在海鑫出问题了，却要让他掏钱来解决问题，是谁也想不通。”李春元有六个儿子，作为一家之长，一定要平衡好家庭成员之间的关系，通过各种方法促进家庭成员之间的感情交流，疏通彼此之间的隔阂，营造出和谐团结的家风。特别是当年幼的侄子与年富力强的叔伯之间产生矛盾时，作为家长要善于做好思想工作，从长远大局出发处理问题。家和才业兴，这是一个不变的真理。

李春元老先生也是一个强者，曾担任多年村支部书记，在李海仓创业时期也曾为企业做出过贡献，所以，这样一个家长在作出决定的时候难免带有个人主义色彩。另外，在十几年前，社会各界基本没有对家族企业和企业传承的概念和话题进行过关注和探讨，当一个传统的家族和一个传统的家长面对这突如其来的变故之时，没有什么可借鉴或科学决策的依据，这也许就是一个企业家族在一段历史时期的“宿命”吧。时至今日，我们再回头分析这段往事，只是为了警醒后来者——“顶层设计决定企业传承成败”。家族企业传承的问题从一个家族企业诞生之日起就应该被列入到企业家的日程上来，这是一个家族无可回避的头等大事。

思考：你认为“海鑫钢铁”传承失败的主要原因有哪些？

观古鉴今

清代王府是如何分家的?

清代王府分家的具体事务一般来说就是府内协商，官方是不管这个事情的。有的时候，协商会叫来自己府所属的佐领以及本支的族长等作为“见证人”，分家的一些具体文件也会由他们作保。

1. 王府的庶流可以获得爵位吗?

可以。清代有“考封制度”，规定了拥有爵位者没有继承爵位的儿子如何获得低等爵位。关于考封制度，可以参考笔者以前的文章。在本篇文章中，我们把有低等爵位的宗室称为“小宗”，把彻底没有爵位的闲散宗室称为“庶流”。需要注意的是，就算是“小宗”，其爵位也基本会在三代、四代之内承袭结束，而全变为庶流。

2. 分了家还算皇族吗?

当然算。

3. 分家的房子是如何分配的?

王府肯定是归大宗继承的，这个没有疑问。小宗出府的时候，他们自己的房子有三个来源：①王府分给。就是说王府本身有很多自己购置的房产，分给一处就是。②自行购买。通过出府分到的钱购置宅邸。③官方分配。在前面二者不能达到的情况下，似乎是可以请求官方分配“官房”。不过第三种方式是否可以广泛地使用在各个庶流、小宗上，还有待疑问。清代北京房价并不贵，所以一般来说还是以前两种方式居多。

4. 分家之后，小宗的经济来源是什么？

首先，小宗一般是有低级爵位的，这些低级爵位是带有俸禄的，足够他们生活。其次，分家的时候一般会由王府分拨一部分家产出来，或是土地，或是金钱，或是“股份”。

5. 股份是什么意思？

很多王府并不愿意把地产交出去，或者说是当时的制度不允许切割大宗的地产。于是大宗便可能规定，某块地的每年的收入，交给某个或某些庶流作为他们的收入。而这些庶流只有收款的权限，没有这个土地本身的权限。

思考：你的家庭是否有过分家的经历？当时是怎么分的？

观古鉴今

雍正皇帝对亲属的安置

清朝雍正皇帝登基之初，内心非常紧张，总觉得自己的八哥允禩要反攻倒算。不过雍正并没有马上动手，登基伊始反而封他为廉亲王、总理事务大臣。等稳住他之后，雍正就开始瓦解他的力量，拆散他的死党允禟、允䄉；整肃他的心腹官员；发布《朋党论》吓唬他的党羽；四处放风让官员们站队。等到形势差不多了，就开始收缩包围圈，逐步搞臭允禩。雍正没事了想起他来就敲打两句，一会儿说他奸恶，一会儿说他狡诈，一会儿说他有历史问题，当皇子的时候就不是好东西。等到雍正四年，终于图穷匕见，将他拘禁高墙。在官僚系统中有广泛影响力的允禩，面对至高无上的皇权竟是不堪一击。

和允禩一起倒下的还有死党允禟。允禟的下场很惨，“铁索在身，手足拘挛”，痛苦呻吟。允禩死后，雍正还没解恨。允禩的福晋郭络罗氏是他的政治帮手，雍正令她自杀，死后又分骨扬灰。

思考：是什么让雍正如此对待自己的兄弟？人性能否考验继承人？

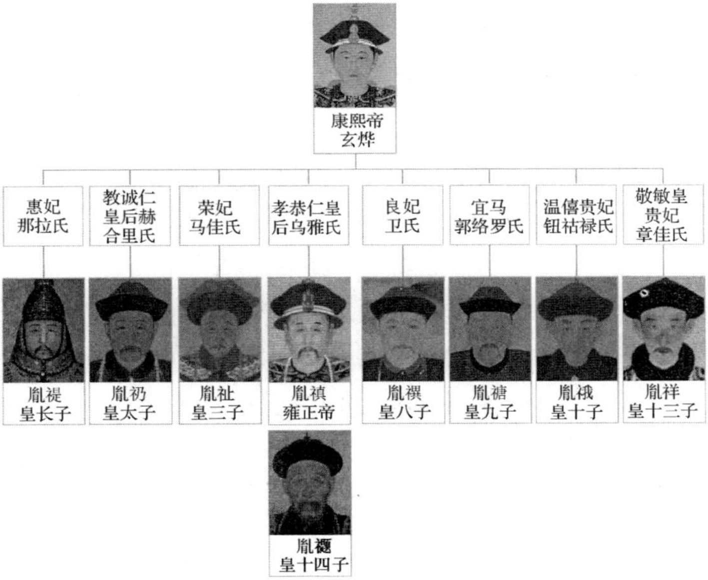

图 3－5　康熙皇帝的九个儿子

四、选择继承人

治企如治国，家族企业能够找到合适的继创者进行接班是传承计划的重要环节。

继创者选择的五大健康标准：

1. 身体健康。
2. 生活健康。
3. 心理健康。
4. 能力健康。
5. 意志健康。

图 3－6　继创者选择的五大健康标准

对话

甲：能力健康包括哪些内容？

乙：包括责任与权力、角色与技能、经验和素养。

甲：什么时候是继创者接班的最佳时机？

乙：当候选人经过岗位的锻炼并取得优异考核成绩时，能力、资历与威望都已经树立，此时恰是正式任命接班人的最佳时机。

案例思考

何享健和马云眼中的接班人条件

美的集团董事长何享健认为合格的接班人须符合以下几个条件：

1. 对企业有绝对的控制力和影响力。
2. 有领导企业继续前进发展的实力。
3. 能获得比运作自己现有企业更多的收益。

2013 年，阿里巴巴创始人马云选择陆兆禧接班 CEO，主要原因有六点：

1. 陆兆禧是从阿里巴巴基层提拔上来的，能力突出，战功赫赫，接手的每一项业务都做得有声有色；
2. 陆兆禧经历过阿里 B2B、淘宝 C2C、支付宝第三方支付三大核心业务，了解业务运行规律，与各部门负责人很熟，可以有效平衡公司内部各派力量；
3. 陆兆禧既能务实又能务虚，符合时代发展要求；
4. 陆兆禧主管的数据业务是集团未来发展的重心，他当 CEO

符合阿里战略规划；

5. 陆兆禧在创业元老中较年轻，又有资历；

6. 陆兆禧具备上市公司经验，有助于推动阿里巴巴的整体IPO进度。

思考：你认为合格的企业接班人应该具备哪些能力？

观古鉴今

中国古代皇室立储的条件

中国古代王朝册立储君主要是以“立长、立嫡、立贤”为原则。

立长，所选的继承人，年纪足够大，防止由于皇帝年纪太小而过分依赖外戚，导致外戚专权。

立嫡，所谓“母以子贵，子以母贵”，老妈家地位够高，当然更给力！

立贤，皇帝总要给自己留条后路，要是太喜欢哪个儿子了，就说，这个小子更贤能，就可以名正言顺地立为太子了。

预立太子是古代皇帝最为关心的事情，预立太子由嫡长制发展到太子制，到清朝中期则创立了秘密立储制度，无非都是为了保证天下能够代代传承，不落到异姓人手中。中国古代王朝是“家天下”，除了极个别的情况以外，皇帝都将皇位和皇权在死后移交给自己的儿子。为了避免在发生突发事件时仓促传位，故而一般都事先选定一个皇子将来继承自己的皇位，这便是预立太子。

预立太子有两种形式。清朝以前，历代王朝在皇位继承上很多实行嫡长制，嫡指正妻、皇后，长即长子，也就是由皇后所生的长子继承皇位。

嫡长制在我国已有悠久的历史，起源于商代的宗法制度。自汉朝以后，嫡长制便开始在皇位继承方面得到了充分的应用，汉高祖刘邦就立嫡长子刘盈为太子，唐朝的开国皇帝李渊也是立嫡长子李建成为太子，不过没想到后来被皇次子李世民兵变夺嫡。明朝开国皇帝朱元璋先是立嫡长子朱标为太子，后朱标病故，朱元璋便依照顺序立了嫡长孙朱允炆为皇长孙，继承自己的皇位，即建文帝。

然而嫡长制有一个最致命的弊端：嫡长子未必是诸皇子中最优秀的人，那些智力低下、人格卑琐或昏庸无能之辈也可以借着这种制度的庇护，登上皇帝宝座，而这恰恰对封建皇帝的家天下来说是一种最大的祸患。于是，后来的皇帝们便不再拘泥于嫡长制，而是更多地考虑皇子的德才、智谋、军功及人望等。三国时魏王曹操预立太子的故事，颇能说明精明的帝王在这个问题上的考虑。

曹操原有五个儿子，长子曹昂战死军中；次子曹丕每逢曹操出征或者远行时，必一言不发，殷殷而拜，依依难舍，其实性格阴沉；三子曹彰神力惊人，是个典型的武将，每每向父王请战逞勇；四子曹植为人心性聪慧，文章辞采惊人，又十分乖巧；五子曹熊身体羸弱，对任何事情均无多大兴趣。于是曹操便断定曹植虽有才华，但心性浮夸；曹丕则稳重，对自己极有诚心。不久曹操患风疾，临死前嘱托诸近臣：惟长子曹丕，笃厚恭谨，可继我业。尽管此时长子已死，曹丕事实上成了长子，但曹操立太子时考虑更多的不是诸子的年序，而是其为人、本领，是以谁能更加稳当地继承自己的事业、天下为考量基准的。

从恪守章法立嫡立长发展到根据德才兼备的标准甄选太子，是古代皇家传承的一个进步。皇帝会经常用各种方式测试皇子们的聪明才智和品性，并且尽量让其担负一定的重任，以便充分锻炼他们，同时也博取功名，将来好顺利地统治文武群臣。例如，清朝康熙皇帝晚年最喜欢十四子允禵，有意把皇位传给他，便任命他为抚远大将军，让他进军西藏，平灭准噶尔，就是让他建功立业，树立威信。但后来却是皇四子胤禛（雍正）获得了继位权。

由于众皇子不分嫡庶长幼，都有机会被立为太子，于是皇子之间便产生激烈的竞争，在父皇面前竭力表现出仁孝谦恭、勇敢睿智等操行，有时候这种竞争激烈到不惜互相倾轧甚至骨肉相残的地步。作为皇帝，有时是眼看着皇子们不顾亲情，虽然心痛不已但也无可奈何，因为只有经过激烈甚至惨烈的竞争后脱颖而出的皇子，才是最有实力、最精明和最会玩弄手段的人，而皇帝的愿望无非是希望有这样的皇子将自己的江山代代传承下去。

思考：如果你是一代，你对你的企业接班人人选和接班人团队主要成员了解多少？

如果你是一名继创者，你对你的父辈和你的团队成员了解多少？

五、“太子太傅”与“辅政大臣”

企业家与子女在管理、文化、情感上都存在着巨大的差异。要想弥补这种差异和应对这种挑战，让继创者更好地成长，选择一位合适的导师是非常关键的。

继创者导师的角色：

1. 榜样——成为继创者学习和模仿的榜样。
2. 顾问——为继创者创新、创业出谋划策。
3. 知己——成为继创者可以交心的朋友和知己。
4. 调解人——调解继创者在成长、继创过程中的种种纠纷。
5. 督导者——监管继创者的表现，督促其进步。
6. 联络人——为继创者扩充外部人脉资源。

图 3－7　继创者导师角色

所谓“一朝天子一朝臣”。继创者要与一个团队共同成长为企业的轴心。继创者若无法控制管理团队，传承就与失败一步之遥。

团队成员的选拔标准：

1. 忠于企业，与继创者关系融洽。

2. 能力互补，组成高效团队。

3. 年龄互补，老中青相结合。

4. 性格互补，彼此协作融洽。

5. 亲贤互补，平衡用人标准。

对话

甲：选择继创者导师的标准有哪些？

乙：导师应该品德出众、综合能力突出，有管理实践经验，被两代人都认可。

甲：一个优秀的继创者团队有何标准？

乙：一共有四点：卓越的团队领导、共同的事业愿景、清晰的战略目标、系统的集体学习。

甲：如何理解“亲贤互补”？

乙：亲人和贤者并用，是不少家族企业的用人方略。既把家族成员安排在重要岗位上，又能破格提拔能力出众的职业高管，使家庭利益与企业利益达到平衡，实现两个系统的最优配置。

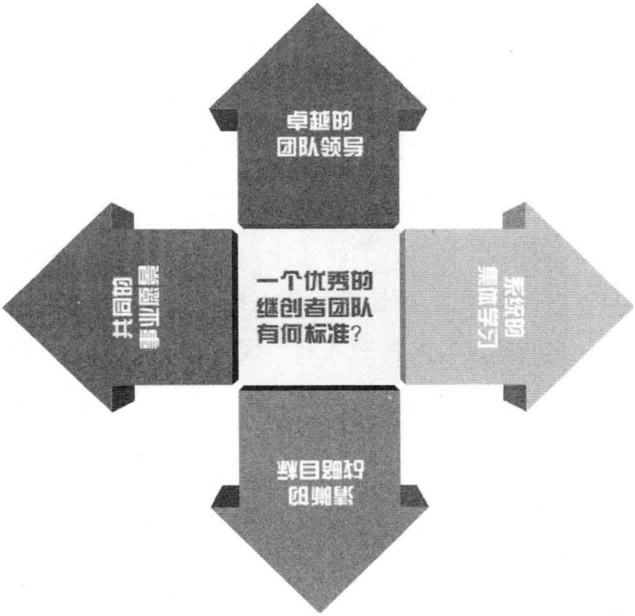

图 3－8　优秀继创者团队的标准

案例思考

继创导师——陈春花

2013 年 5 月刘永好从新希望六合董事长的位置下来后，其女刘畅和传奇女性陈春花的组合立马引起社会各界的关注。有人说陈春花是辅佐刘畅上马的"辅政大臣"，也有人说陈春花是新希望集团内部的改革者。

刘畅接任新希望六合董事长的同时，陈春花担任联席董事长，这或许将成为一段类似“周公辅成王”的佳话。早在2010年新希望六合重组的时候，刘永好就邀请过陈春花，但她当时因为学校工作繁重，拒绝了邀请。此次，刘永好及其六合团队集体邀请陈春花，又正赶上“太子接班”的关键时期，陈春花就没有再拒绝，她说她不愿意放弃教师的工作，所以担任联席董事长。

陈春花之所以受到六合如此器重，是与她早年的管理经历分不开的。1999年陈春花就是六合的战略顾问，2003年担任山东六合总裁，凭借她过人的管理才能，仅仅用了一年多的时间，就把六合的销售额提高近三倍。可以说，陈春花的能力是有目所见，她在企业管理方面尤其有独特的方法，但她本人并未给自己定义为企业家，始终以一个学者自居。年轻的刘畅在经营管理方面有太多需要学习的东西，而陈春花身上的经验也正是她得以教导后辈的有效总结。这一对新的组合在合适的时间节点出现，而作为导师的陈春花，能否将这一新任“龙马”扶正走好，还需要许多时日的跟踪观察。

陈春花在学界是一位资深的学者，同时又是一位优秀的作家，她投身商界，进入管理阶层，也是她自身学习实践的一种方式。她认为中国的管理知识大多学习西方，而西方的理论未必全部适合中国这样一个特殊的国度，无论是从个人的价值观还是国家的政治制度上来讲，都是不能完全照搬的，因此她需要在实践中完成自己“学业”，这也就是所谓的理论与实践相结合。在新希望与山东六合重组之后，由于两家的企业文化有冲突，导致2013年上半年公司业绩出现了严重下滑，而在此时，一向注重理论与实践相结合的陈春花，对公司的一些方面进行了合理的变革和调整，使当年的年报情况比她预估的还要好。陈春花对组织内部的调整，也就是她说的组织激活。公司的业绩不理想很大的原因是公司内部组织不适合当前企业的发展，那要从内部执行变革。那么，怎样来实现变革呢？她认为，企业高管并不对当期业绩有多大影响，而真正影响当期业绩的是那些中层和基层，只有激励中层和基层才能有效地提升当期业绩，才能更快提高销售额。

陈春花对刘永好的评价很高，说他是非常具有企业家精神的人，不仅有创新精神，而且对国家政策理解得很到位，能够准确地抓住商机，这是成功人士的独有特质。新希望六合集团在刘永好的带领下，做到了行业领先水平，这离不开作为“开山立派”的元老人物的拼搏与努力。至于刘畅接班，能否扛起父辈交给她的这面大旗，还需时间去证明。陈春花对于刘畅接任董事长这份勇气表示钦佩，一个在行业内首屈一指的企业是一个什么概念呢？不是谁都敢揽下这样一个“大摊子”，而刘畅毫无怯意，这是公司的幸运，是集团的希望。刘畅肩负的责任重大，她要接好这个班，也要带着几万人向前走，这不是说说而已，是要拿出实际行动，拿出行之有效的办法才行。陈春花对于刘畅是抱有很大希望的，她说：“我相信她会是整个团队中最重要的一个人。”是的，只靠一个人努力是远远不够的，真正做好的企业，是拥有一个一往无前、所向披靡的团队，而新希望六合集团这个团队领军人物必然是刘畅无疑。

当然，新希望六合集团也同样走了“世袭制”的老路，但陈春花并不认为这是一家家族企业，她把它定义为公众公司，新希望六合所有治理结构和安排都是按公众公司走的。不过，刘畅、陈春花新组合设定的谜底，此刻也有了答案，不管是为了企业内部变革，还是充当“辅政大臣”的特殊角色，相信大家对于这一组合都有了新的认识。至于新组合会不会成为一段类似“周公辅成王”的佳话，让我们拭目以待。

案例思考

华为集团的团队接班模式

年收入高达 2 390 亿元人民币的华为如同其他民营公司一样，其“接班人”问题颇受关注。华为轮值 CEO 徐直军在 23 日深圳举行的 2014 华为全球分析师大会上回答这一提问时表示，华为未来的接班人不会是一个人，或许是一个团队。

任正非 1988 年在深圳创立了华为，经过 20 多年的发展，华为已经发展成为在全球 170 多个国家为电信运营商提供端到端解决方案的电信设备商。创始人任正非生于 20 世纪 40 年代，至 2016 年已经逾 70 岁。

在 2013 年员工持股大会上，任正非说，家人中有四人在华为上班，他们都是凭自己的劳动，在华为努力工作。任正非的一个女儿孟晚舟在华为担任 CFO（首席财务官），都曾就华为业绩接受媒体采访，也为外界所熟悉。

任正非在谈及接班人的素质要求时说，“除了视野、品格、意志要求之外，还要具备对价值评价的高瞻远瞩和驾驭商业生态环境的能力”等，他表示“不会倒回去选择用人唯亲”，而且接班人问题要由大家说了算。

华为目前采取的是轮值 CEO 制度，目前的轮值 CEO 是徐直军。任正非曾说，今天的轮值 CEO 制度运行得很好，不见得明天的轮值董事会主席就运作不好。

徐直军又表示，接班人问题或许要留待未来去解决。

思考：你如何看待华为的团队接班模式?

观古鉴今

赵武灵王与王子老师周绍的对话

赵武灵王立周绍为王子的傅佐之官，说：“寡人起初视察县邑，路过番吾，当时您还很年轻，人们都称道您的孝心。所以寡人把玉璧馈赠给您，把酒食赠予您，而要求拜见您。可是您托病推辞了。有人谈论您说：‘父亲的孝子，是君王的忠臣。’所以寡人认为您的智谋巧言完全可以引导别人，纯正的为人完全可以扶助危难，忠诚可以表露心意，守信可以长久不变。逸诗说：‘用勇气征服困难，用智慧治理动乱，这是对事情谋划的结果。设立辅佐之官根据品行，教导年轻人依靠学问，这是仁义的规范。遵循计谋办的事情，失败了而没有负担，经过咨询议论的行动，处于困境而不忧愁。’所以寡人想让您穿上胡服辅佐王子。”

周绍说："大王选择有失，不是臣下所敢担任的职务。"

赵武灵王说："挑选儿子没有谁能赶得上父亲，选择臣子没有谁能赶得上国君。国君就是我。"

周绍说："设立辅佐之官的标准有六条。"

赵武灵王说："六条标准是什么？"

周绍说："有智谋不狡猾通晓事物的变化；自身行为宽厚仁慈明白礼仪；威严不能改变他按照职位行使权力；重利不能够改变他的心意；对于教化恭谨而不放纵；对属下和蔼而不虚伪。"

赵武灵王说："我了解六条标准，所以委派您担任这个职位。"

观古鉴今

北宋的"一朝天子一朝臣"

公元1085年和1102年，是宋神宗"元丰八年"和宋徽宗"崇宁元年"，前后不到20年时间，却是北宋政治上最混乱、最堕落和最富于戏剧性的时期。这20年间，经历3位皇帝、两位太后，改元6个年号，分属6个针锋相对的"政治时期"——"元丰时期""元祐时期""绍圣时期""元符时期""建中靖国时期""崇宁时期"；"一朝天子一朝臣"的中国政治戏剧，在这20年间翻烙饼式地来回上演。

北宋政治从"元祐时期"走到"绍圣时期"，一步一个台阶地走向非理性——北宋政坛再次迎来“一朝天子一朝臣”的局面：被“元祐党人”赶出朝廷的“元丰党人”，纷纷从全国各地贬所回到朝廷，包括投机取巧的蔡京也当了户部尚书；“元祐党人”则纷纷从朝廷走向各地贬所，包括礼部尚书、宋哲宗的老师苏东坡。

宋哲宗本没有什么政治理想，“绍圣”年号也只是一个政治口号，章惇所想继续的改革，政治油子蔡京劝他敷衍了事，他也就敷衍了事，此时与王安石变法已经渐行渐远。而章惇和“元丰党人”十年来的政治怨气却如鲠在喉，残酷的政治倾轧已经扭曲了章惇的性格，以眼还眼的党同伐异便成为必然选择：绍圣元年，在宋哲宗的支持下，章惇将“元祐党人”包括后来分裂为“洛党”“蜀党”和“朔党”中的主要人物吕大防、刘挚、苏轼、梁焘等贬到岭南；绍圣四年，章惇等人又频频上奏，开始对“元祐党人”的新一轮打击——已经死去的司马光、吕公著等人，均被贬和削夺恩封，宋哲宗还想掘这两人的坟墓，被大臣劝谏这才作罢，但他们的后代都被牵连贬黜，所有在朝的“元祐党人”均被贬出朝廷，而且后来几乎都相继去了岭南，无一幸免于报复。

宋哲宗执政 6 年之后去世，由于没有儿子，由其轻佻的弟弟端王继位，嫡母向太后垂帘听政。向太后和她的婆婆太皇太后高氏一样讨厌改革派，于是她起用保守派韩忠彦为宰相，开启了重用“元祐党人”的“元符时期”。

此时，我们又看到了苏轼和章惇这对冤家朋友的身影：苏轼代表着“元祐党人”，从海南儋州结束流放归来，只是还没走到朝廷就病逝于常州；而说过“端王轻佻，不可以君天下”的名言之后，章惇则代表着“元丰党人”，从宰相位上被贬到岭南雷州，最后客死雷州。

当宋徽宗轻佻地改年号“崇宁”、随着蔡京登上相位时，北宋“一朝天子一朝臣”的政治终于落入没有是非只有利益、没有廉耻只有贪欲的黑暗深渊……

思考：你认为北宋皇室这种传承局面是什么原因导致的？

六、潇洒地放手

完整的传承计划，不仅包括继创者成长计划，也必须包含上一代的退出计划。

上一代退出计划包括的内容：

1. 解决自己的传承思想障碍。
2. 培养和选择有能力的继任者，放心交权。
3. 清除企业债务拖累，安心退出岗位。
4. 保障退休收入，安享退休生活。
5. 退休生活职业化，有为有乐。

对话

甲：上一代不信任继创者的结果是什么？

乙：上一代不甘心交权、不信任继创者，过分强势会导致继创者无法正常成长，让企业越来越依赖上一代，极容易导致传承失败。

甲：两代人互不信任的隔阂如何消除？

乙：关键是要看两代人之间是否有充分有效的沟通，从经验来看，如果两代人已经形成隔阂，靠自己来沟通很困难，必须借助第三方。

案例思考

茅理翔的退休生活是第三次创业

方太集团创始人茅理翔已经70多岁了，按中国人的传统习惯，理应退休在家，颐养天年了。但是他不一样，他还要完成人生中的第三次创业。

茅理翔是浙江慈溪人。2006年，他创立了中国第一所民营企业接班人培训学校，并亲自担任学校讲师。如今，学校已经办了十多期培训，学员人数超过百人。他的目标是，用10年时间，在慈溪杭州湾大桥边建起校区，将目前的“家业长青接班人专修学院”，打造成中国民企接班人的“黄埔军校”。这是他的又一次人生挑战，也是他的退休生活。

为搞好这个学校，茅理翔几乎连老命都顾不上了。他一般上午9点钟到学校，中午回家午休，下午2点多又回到学校。办学之后，有时候要给个别学生辅导，他甚至还要忙到晚上八九点钟。

他说，我为什么要继续创业呢？凡是想做点成就的人，是永远不会主动选择退休的。有人说，你已年近七旬，也已很成功了，可以享福了，但我的血液里始终充满了创业的细胞。我觉得创业是种乐趣，我喜欢与有智慧的人打交道，喜欢与有创业激情的人打交道，喜欢与有创新意识的人打交道。

学校初创时期，没有校舍，就设在方太集团里；没有教材，茅理翔就在讲课和研究国外案例过程中不断摸索、完善。他的关于企业传承的书，将来也会是学校的教材。

他说，创业等于享受，享受等于幸福。“我的一支笔，一张纸，一杯茶，一本书，是我目前生活中最常接触的东西。”

思考：如何规划你（他）的退休生活？

观古鉴今

退而不休的乾隆皇帝

乾隆曾经发誓绝不超过爷爷康熙当六十一年皇帝的纪录，乾隆六十年，乾隆下诏传位太子永琰。父子俩演了出三让后受的双簧戏后，于嘉庆元年正月初一举行禅位大典，乾隆退位为太上皇帝，嘉庆登基称嗣皇帝。

俗话说：天无二日，国无二主。大清朝有一个太上皇帝和一个嗣皇帝，国家大事到底谁说了算？对此乾隆在传位谕令中表示：“归政后，凡遇军国大事及用人行政诸大端，岂能置之不问？仍当躬亲指教，嗣皇帝朝夕敬聆训谕，将来知所禀承，不致错失……”

乾隆禅位后退而不休，嗣皇帝毫无实权，只能朝夕敬聆训谕。太上皇害怕别人说他恋权，还写了一首诗明志“敬天勤政仍勖子，敢谓从兹即歇肩?”明明是恋权，死死抓住权力不放，却偏偏要把自己说成“放着清闲日子不过，勤政、敬天、勖子”。

太上皇恋权恋到什么地步？湖广总督毕沅在奏折里说了一句：“仰副圣主宵肝勤求，上慰太上皇帝注盼捷音。”把这话翻译一下就是“我们努力工作总算对得起皇帝的废寝忘食和勤政，总算对得起太上皇盼望捷报频传的愿望”。

这话在我们看来就是客套话，一点问题也没有。但太上皇看了却大发雷霆，他说：“本年传位大典，上年秋间即明降谕旨颁示中外：一切军国大事，仍行亲理，嗣皇帝敬聆训诲，随同学习。其外省题奏事件，并经军机大臣奏定款式，通行颁布。毕沅并不遵照办理，是何意见?”

倒霉的毕大人因为奏折把皇帝排在太上皇前面，惹得恋权的太上皇大怒，被太上皇下谕交部议处。有了毕大人的前车之鉴，大清文武百官只能小心翼翼地伺候这位太上皇。嗣皇帝也只能战战兢兢地每天听太上皇训政。

嘉庆四年正月初三，太上皇“拳拳弗忍释”，怀着对权力的无比眷恋离开了人世。嗣皇帝嘉庆终于去掉了“嗣”字，成了大清真正的皇帝。三年的嗣皇帝熬成皇帝，嘉庆办的第一件大事就是借贪官人头立威，把最受乾隆宠信的大臣和珅杀了。

思考：如果上一代不肯放权怎么办?

继创者语录

是否回归家族与父辈共业？如果自己觉得这条路不合适，父母再怎么强求也没有用。我一直在深度思考到底走哪条路才最有价值，按照自己的方向，是否正确，能走多远多快，这才是我是否选择回国的因素。

——广东安华美博置业集团有限公司总裁　王玉清

在接手家族企业的时候，二代们就要清楚自身的定位，在没有为家族企业创造出足够利润和贡献的情况下，二代们无法真正掌控企业。企业的格局不可能按照二代的思路去完成，因为所有人都不信任你。只有靠二代不断去证明自己，企业的员工与元老们才会认可你有带领公司走出困境、走向美好的能力。

——浙江宁波华茂集团总裁　徐立勋

我一直觉得，有爸在，就有天在。爸爸走的时候，对于我们来说，天塌了。可生活还要继续，企业还要继续运营下去，作为家中的老大，我必须硬着头皮把已经塌了的天再撑起来，把爸爸的生命延续到最大化。

——大连龙润天成建设有限公司总经理　许晓娜

家族企业传承是相当重要的，没有传承就没有成功。作为

“创二代”，我们是有一种特殊的价值观和使命感，因为我们要面对更大的挑战是突破。

——福建致尊建材有限公司董事长　周晓遵

第四章

继创者创新的三大路径

继创者创新的三大路径是：技术创新、产品创新、管理创新。继创者进行创新，一定要借鉴父辈的先进经验，认真听取父辈们的可行性建议，切不可脱离实际，盲目创新。要提供出切实可行的创新思路和可操作性方法路径（图4－1）。

图4－1　继创者创新路径

第一节　基础路径——技术创新

重点提示：技术创新，指生产技术的创新，包括开发新技术，或者将已有的技术进行应用创新。

技术创新的三个阶段，见图4－2：

1. 技术仿制。

2. 创造性模仿。

3. 自主创新。

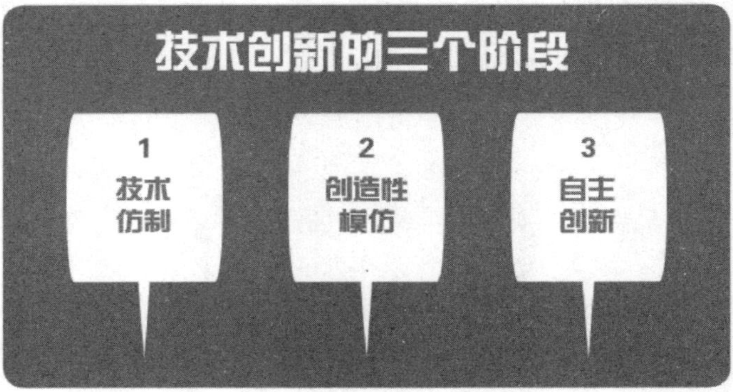

图 4－2　技术创新的三个阶段

对话

甲：技术创新和产品创新存在什么关系？

乙：技术创新和产品创新有密切关系，又有所区别。技术的创新可能带来但未必带来产品的创新，产品的创新可能需要但未必需要技术的创新。一般来说，运用同样的技术可以生产不同的产品，生产同样的产品可以采用不同的技术。产品创新侧重于商业和设计行为，具有成果的特征，因而具有更外在的表现；技术创新具有过程的特征，往往表现得更加内在。

甲：继创者进行技术创新有哪些方式？

乙：继创者采取何种方式进行技术创新，要视技术创新的外部环境、企业自身的实力等有关因素而定。从大企业来看，技术创新的要求具体表现为，企业要建立自己的技术开发中心，提高技术开发的能力和层次，营造技术开发成果有效利用的机制；从中小企业看，主要是深化企业内部改革，建立承接技术开发成果并有效利用的机制。

案例思考

不忘继创者的初心——仇兴东访谈录

笔者：仇总，先介绍一下企业吧。

仇兴东：我们山东辛化集团位于山东滕州，这里是鲁班、墨子的故乡，齐鲁工商文化的发源地，京杭运河、G104 国道、京台高速公路、京沪高速铁路等主要干线汇集而过，地理位置优越，历史文化悠久。

山东辛化集团最初在这里诞生，是父亲在二十多年前创建的，在我儿时的记忆中，父亲始终是一个“不安分”的人，家中兄妹五人，曾因家境贫困而勉强完成高中学业。面对如此境况，作为长子的他立志要带领全家改变命运，开创一片天地。先后与人合资开过塑料管厂、养殖场和罐头厂等，由于种种原因都没能最终成功。1993 年在素有“辛绪西北坡”之称（也是村里最贫瘠）的土地上，父亲创办了滕州市辛绪泡花碱厂，成立之初没有资金没有技术没有市场，只是完全凭借着“拓荒牛”的精神聚集一帮年轻人以厂为家、日夜苦干，完善工艺，后来经过调研确定了公司主要产品为水果纸箱黏合剂。因为山东盛产水果，对果品包装需求旺盛，市场范围定在鲁西南地区。

笔者：讲讲您的继创经历。

仇兴东：记得我大学刚毕业时父亲让我留在南京，我当时的想法是想去浙江的民营企业实习工作几年。那个暑假我回到家乡和父亲商议我的决定。当我看到因为长期劳累而住院的父亲时我改变了主意，我决定立刻回公司上班，减轻父亲的负担。父亲坚决不同意，对我和弟弟说："我辛辛苦苦把你们送出去读大学，就是让你们不要再回到农村，家里的事情我能应付得了。"后来爱人陪我一起从江苏南京回到山东老家加入到父亲的公司中。到了公司我才发现极度缺乏专业人才，尤其是业务方面。没有制度，没有流程，所有的工作都要靠老板来推动，每个人都要身任数职。为了打开市场应收账款也很多，进入公司第一件事就是去拖欠货款公司催账。慢慢开始全身心地投入到工作中，企业经营状况明显有好转。

在公司工作了五年后，我开始逐渐对管理有了自己的想法，举例来说，刚开始市场范围仅局限在鲁南苏北一带，全部为汽车运输。为了打开市场，我带领销售团队来到日照港，了解海运集装箱业务。通过创新运输方式把产品销售到了福建广东等沿海省市，从而市场需求不断提升。

随着企业规模的增长，我更多地开始思考企业文化方面的建设。企业文化不能是教科书上的，它是老板价值观在具体企业经营管理过程中的沉淀与发扬，是充满生机的表现。辛化的核心价值观即是“企业不养懒人，市场不要废品”，是辛化的初心就是劳动创造价值，工作改变命运。追求卓越质量，创新服务水平。父亲和他们一代创业者们完成了自己的历史使命，夜以继日，辛勤工作，改变了自己和家庭的命运。这是辛化企业文化建设的源头，下一段历程将是卓越精神的打造。作为继创者群体就是要在原来的基业上发扬创新，继往开来，把辛化打造成百年企业，这是父子两辈人共同的愿望。

同时我也清楚地认识到我们国家经过三十多年的改革开放，国内市场环境发生了巨大的变化。从物质缺乏到产品供给相对过剩，从追求价格到追求质量，从大众消费品到个性化定制，从城乡二元化到国际国内一体化，从供给侧改革到消费升级无不给企业发展带来巨大商机，同时也带来了高端挑战，辛化将面临从单纯工业品生产到个人消费品和工业品并重的产品结构，品牌建设和企业文化建设将是未来最大的工作挑战。

作为子公司山东辛化硅胶有限公司于 2007 年成立，主要业务为宠物用品的生产与出口，现已成为全球最大的水晶猫沙生产厂家。规模经营的扩大是为了适应新的市场行情，提升企业在行业中的总体竞争力。针对企业内软件与硬件改造，使人员与设备相协调。优化各部门间的沟通合作，极力构建团结奋进的企业氛围。加大科技研发、市场建设、人才培养投入，完善安全环境、质量体系，不断探索企业结构调整和管理模式创新，以创新促发展，推动企业良性运转。在父亲的不断指导下历经几年的发展，我也取得了一定的成绩。父亲也开始逐步认可了我的管理理念和经营方法，将公司的经营管理权交给我，使我成为家族企业的新掌门人。

现在我深刻地认识到无论做什么事情都是一脉相承的，急不来。我们这一代人任重道远，要带领更多的年轻人，改变个人家庭的命运，以卓越文化和担当精神汇聚更多愿意参与家乡建设的人士。凭借对本职工作的热爱，遇到再多困难都要勇于克服，努力在工作中获得社会的尊重。同时我也明白现在我正享受着本不属于我的社会荣誉与尊重，但我会对得起这份尊重，通过服务客户、创造价值，带领团队将“建设百年辛化”的目标贯彻到底。面对新的竞争环境会始终坚持“企业不养懒人，市场不要废品”的企业文化价值观，把传承与转型统一起来，不断开拓进取，做有为青年，报效祖国。

笔者：到家族企业工作后，和父辈之间存在有不同的管理理念吗？

仇兴东：当然有，这是两个时代的人们之间必然存在的。父亲在创业的时候很少回家，也很少过问我的学业。也正因为如此，父子之间很少交流，后来在我大学毕业后回到公司工作，在很多问题上想法理念不一致，存在很深的代际冲突，只是随着年龄的增长这种代沟才开始慢慢消除。这其中我认为最重要的就是耐心与尊重，当然这也是相互的，父子之间的沟通磨合经历了很多的事情。

回到企业工作几年以后，随着市场的扩大，原先的生产能力不能满足高速增长的订单。面对这种情况要么提高售价要么扩大产能，我通过调研考察在附近的区县准备兴建分厂，起初父亲并不同意兴建分厂。经过多次商讨最终还是同意了我的建议。后来我才知道当时父亲并非完全拒绝，只是我过于急躁缺乏耐心与尊重。他曾经说我就是缺乏大公司工作职业经历，蛮干。的确如此，大学毕业后就来到家族企业工作，缺乏社会经验，只是凭借着一时的工作热情，混淆了父子和领导下属的角色转换。

笔者：你认为如何才能成为一名优秀的继创者？

仇兴东：对于在优越生活环境成长起来的继创者一代，作为社会发展的中坚力量，我认为：

首先，要有国际化的视野和脚踏实地的担当。当今国际环境，全球化日益发展，国家“一带一路”政策为我们这些外贸型企业指引了新时代下企业出口战略方向，也为产品进入沿线国家提供了政策支持。国际化的视野，对于全球市场定位、制定市场规划、建立相互支持的市场中心点，是必不可少的素质。在工作中培养自己的担当精神，敢于承担重任。

其次，要有丰富的学识与艰苦朴素的精神。丰富的学识、完整的知识结构是企业经营管理决策的理论依据，在应对市场变化和企业内部革新时，经验往往难以让企业高层做出正确的决策，只有建立在丰富学识之上的实际情况分析，才能带领企业披荆斩棘、迅猛发展。积极学习世界上先进的经营理念，吸收先进的技术与装备，让学习成为一种习惯，为企业精益化发展提供各种可行性途径。艰苦朴素是中华民族的优良传统，是对付西方物欲横流享乐主义的精神良药，也是东方管理文化的精髓。工作即是修行的道场，修身齐家治国平天下，内圣外王是我们的追求。

第三，要有良好的人文素养和公民意识。优秀的继创者一代往往是社会的焦点，良好的人文素养能够使他们成为社会中的榜样。吸引优秀的专业人才在各自领域开创局面，这种榜样的力量是社会正气的不竭之源。尊重人性和人的价值，关注员工的物质条件和精神需求，以实现员工的全面发展，是继创者一代重要的责任。公民意识要求我们清晰地认识到自己与社会，与他人的关系，认识到自己的局限，分享自己的成果。

第四，要有坚定的信念和强大的意志力。2017 年是供给侧结构性改革的深化所在，也是全面建成小康社会的攻坚之时，在配置要素、匹配需求等方面，制造业企业要凭借出色的胆略进行积极的变革，以适应新时代的要求。以坚定的信念和强大的意志力，积极进行系统性改善，弥补短板，积聚核心竞争力，面临更加激烈的国际环境，拼的就是意志力。

一代人有一代人的使命，一代人有一代人的担当。我们要始终坚持继承与创新发展，始终坚持企业与环境和谐发展，“致富思源、富而思进”，将企业的治理和对社会的回馈放到重要的位置，积极响应国家政策的号召，为打造制造业国家品牌而不懈奋斗！

思考：你的企业技术创新现状是怎样的？拥有几项自主知识产权？

观古鉴今

战术创新：汉武帝打败匈奴的制胜点

西汉之初，匈奴依靠强悍的兵力时常掠夺西北边境，从汉高祖到文景二帝，都对匈奴一味忍让。汉武帝刘彻即位之后，为了应对这种攻击，先是在边境地区实行高度军事化的行政，各边郡太守兼任该地区的军事指挥官，而这些边郡的部队基本为骑兵，一般每郡可以达到万骑，达到可以进行独立战役的规模。

与此同时，为了从根本上改变汉军对匈奴的军力对比，西汉大力提倡马政。依当时律令，向朝廷提供良马一匹，可以免除三个人的一年的赋税与劳役，而朝廷本身也利用西北各地适合繁殖和饲养马匹的地区，开设了二十几个大型军马养殖场所。到武帝决定开战的时候，马厂马厩中就有超过 40 万匹军马，而在数十年的马政优先的社会环境下，中原人民则上行下效，养成了一种狂热的骏马崇拜。当来自乌孙的优良马种因朝贡而引进时，汉武帝亲自命名为“天马”，上下认为天马南来是一件举国的大喜事。

马匹的繁多不仅改变了中原与草原的力量对比，更重要的是，这在中原第一次造成了真正意义上的骑兵革命。西汉朝廷中央的直属禁卫武力南军设置了专门的精英骑兵部队，其士兵则来自西部和北方各熟悉骑射的郡县，也包括志愿为中原效力的北方胡族士兵。随着大规模骑兵的建立，中原实际上拥有了远比匈奴人更优越的军事力量，因为，中原骑兵不仅普遍装备了弩箭和铁制骑兵战刀的精良装备，还拥有强大的步兵、车兵的作战和后勤保障。相比匈奴骑兵，中原骑兵更具备职业化部队的特征，并且，他们是由高度组织化与丰富人力资源支持的部队。

自公元前129年开始，经过对军事技术的优化和创新，汉武帝通过河南漠南之战、河西之战和漠北之战三大战役，彻底击垮了匈奴，使匈奴再也无力对汉王朝构成军事威胁。

思考：你是否了解行业内以及竞争对手的最新技术?

第二节　先行路径——产品创新

重点提示：产品创新包括产品的品种和结构的创新。品种创新要求企业根据市场需求的变化，根据消费者偏好的转移，及时地调整企业的生产方向和生产结构，不断开发出用户喜欢的产品；结构创新在于不改变原有品种的基本性能，对现有产品结构进行改进，使其生产成本更低，性能更完善，使用更安全，更具市场竞争力。

产品创新的六个级别（图4－3）：

1. 全新产品：这类新产品是其同类产品的第一款，并创造了全新的市场。

2. 新产品线：这些产品对市场来说并不新鲜，但对于有些厂家来说是新的。

3. 已有产品品种的补充：这些新产品属于工厂已有的产品系

列的一部分。

4. 老产品的改进型：他们比老产品在性能上有所改进，提供更多的内在价值。

5. 重新定位的产品：适于老产品在新领域的应用，包括重新定位于一个新市场，或应用于一个不同的领域。

6. 降低成本的产品：他们被设计出来替代老产品，在性能和效用上没有改变，只是成本降低了。

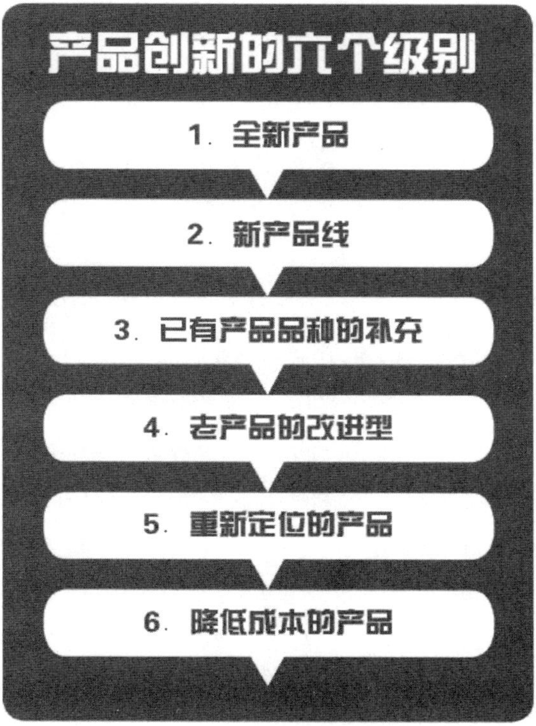

图 4-3　产品创新的六个级别

对话

甲：产品创新的模式有哪些?

乙：产品创新的模式有率先创新、模仿创新。率先创新是指依靠自身的努力和探索，产生核心概念或核心技术的突破，并在此基础上完成创新的后续环节，率先实现技术的商品化和市场开拓，向市场推出全新产品。模仿创新是指企业通过学习、模仿率先创新者的创新思路和创新行为，吸取率先者的成功经验和失败教训，引进和购买率先者的核心技术和核心秘密，并在此基础上改进完善，进一步开发。

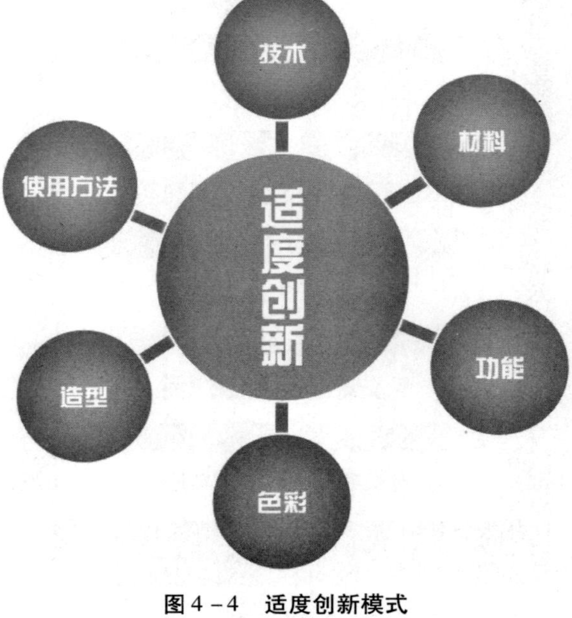

图 4－4　适度创新模式

甲：产品创新的途径有哪些?

乙：途径包括内部途径和外部途径。内部途径包括自主创新、逆向研制、委托创新、联合创新。外部途径包括创新引进、企业并购、授权许可等，还包括适度创新等（图4－4）。

案例思考

这是一个创新的时代——继创者陶晓明访谈录

笔者：晓明你好，介绍一下自己和你的家庭吧。

陶晓明：我叫陶晓明，来自山东省青岛市，出生于1990年。虽然是一名“擦边球”的“90后”，但是所有见过我的朋友都说我是“80后”，因为他们眼中的我成熟稳重阅历多，俨然一副“80后”模样。的确是因为自己经历了很多，我也很高兴能把这份经历与您分享，感谢您给我这次机会!

我出生在农村，小时候家里条件不好。妈妈说怀上我的时候，家里还是每天要去地里挖野菜，白面食物也很少吃，只有来了客人才舍得做一点。父亲当时在民政局工作，主要负责结婚登记和军属抚恤款发放。在当时可以说是一块肥缺，因为喜烟、喜糖从不间断。但是他为人耿直、敬业，从不收取外来的礼品。靠着当时每月几块钱的工资，家里生活勉强度日。

为了能让家里过上富裕的日子，父亲在我出生后不久便开始下海经商。父母从一些低级的工作开始做起，种地，养鸡，开油坊，帮别人磨面等都做过。他们每天起早贪黑，没日没夜地忙碌，小时候的我醒来经常发现自己孤零零地在黑漆漆的房间里，所以从开始就学着自己照顾自己，逐渐养成独立意识。

笔者：这样的经历其实是一种财富。

陶晓明：是的，我现在已经体会到了。

笔者：讲讲接受学校教育的经历吧。

陶晓明：上小学后，虽然家境已渐渐富裕。但是父母一直刻意培养我的独立意识和自我实践能力。假期之余，我和姐姐都会去贸易市场批发小产品去零售。暑假的时候会骑着自行车，车的后座上安装一个简易保温箱，然后去集市上卖冰棍、雪糕和冰激凌。寒假的时候就去卖红灯笼、气球和电子灯笼。当时电子灯笼刚刚兴起，我们是第一家在当地售卖，还一度卖断货，可算是把我高兴坏了。这些经历让我体会到了生活的不易也喜欢上了创业的乐趣。

初中毕业后，我以优异的成绩考上了市重点高中。高中的三年学习生活非常辛苦，每天都是在天朦朦亮的时候就要准备第一节课——早读，然后就是一整天紧张而又忙碌的课程。每天到了午饭时间，我们为了节省时间，通常都是快步跑去食堂狼吞虎咽地解决“战斗”。还有更加努力的同学干脆不去食堂，让其他同学带点回教室吃，也只是为了省下时间多学点知识。虽然那三年时间学到了很多，也体会到了那种千军万马过独木桥的紧张和压迫感，但我并不喜欢这种学习氛围。所以高考结束后，毅然不顾妈妈的反对，说服了爸爸这位“财政大臣”，走上了美国留学之路！

那是我第一次一个人出国，而我并没有感到半点恐慌和无助，反而对地球的另一端充满了好奇和期待。当飞机落地，独自走出机场的那一刻，着实被这个富有多元文化色彩的国家“震惊到了”。那些形形色色的人，不乏来自中东和墨西哥的人，让我突然意识到作为一名中国人身上背负着是一个民族的形象和国家的尊严，这种观念如影随形，直到如今也从未放弃过这种责任感。

开学后为了快速融入新的环境，首先加入了 CSSA（中国学生学者联谊会），这是一个温暖的大家庭，师哥师姐对我们也是关照有加。美国的大学课堂是开放和活跃的，但是课业也非常繁重。不过美国的教育更加注重学习的自主性培养，在经历了短暂的文化冲击（culture shock）后，也迅速融入了当地生活。

出国之前跟父母做过承诺，大二之后的生活费要自己赚。所以在买了第一辆二手车之后，利用平时周末和节假日的时间去中餐馆里送外卖。一勤天下无难事，虽然只是打零工，但是我为人勤快，很快便学会了包括从网络下单，到点单外送等的全部业务，成了名副其实的顶梁柱，老板给我的工资也是涨了又涨。

学校非常重视课外实践活动。我也经常参加各种志愿者活动，通过这种方式逐渐接触到了美国生活的方方面面。在食物银行（Food Bank）当志愿者的经历让我认识到了美国对于食物分配的高效和对食品安全的重视。他们会把过剩的食品捐赠出来，分配给失业的贫苦人家。对于中高层收入的人群，全食（Whole

Foods ）等高端有机食品超市成了他们购物的首选渠道。

大学的一堂创业课（Venture Creation）对我影响深刻。整节课作为一个创业孵化器。我们首先要做大量的调查问卷——发现问题，然后解决问题，并制订完整的商业计划书。最后我们创业的项目是白菜花做的披萨饼，因为调研发现很多美国人对麦麸过敏，但是普通的披萨都是小麦粉做的，而我们白菜花烘烤研磨做成的披萨饼不含麦麸，经过多番实验，最后市场推广大获认可。在最终项目路演中，我们获得了投资人认可，并斩获项目比赛第一名，获得了 1 500 美元奖金。

经历了这一番磨炼，我意识到国内的食品安全问题比较突出，所以我对有机食品格外看好。自己经常利用课余时间学习美国的有机农业如何运行。美国的有机农场去了很多家，他们对于有机农业的坚持和可持续发展的践行的确值得我们学习。农场里所有的动物都是散养，进行自由采食，赋予了动物应有的自由。美国的有机食品展也的确让我大开眼界，有机食品知识普及生活中的每一处，有机鸡蛋、有机蔬菜、有机肉类、有机化妆品、有机儿童食品等。也去过意大利等欧洲国家考察有机市场，发现他们的有机食品普及率很高，增长速度也很快。当我把他们的商业模式了解清楚后，我当即决定——回国创业！

笔者：这是一个创新创业的好时代！那请讲讲你回国后的创业经历。

陶晓明：2014 年 6 月份，趁暑假回国的时间，我休学一年，开始了创业之路。北京是我的首选城市，我先用了 3 个月的时间跑遍了北京的所有高端超市，调查了有机蔬菜生产企业，和周边的有机农场。最终发现有机食品市场在中国很混乱，整体缺乏统一标准，认证机构鱼龙混杂；生产企业食品安全意识低，大部分企业以次充好，产品远达不到有机标准；消费者对有机食品的信任度低，认知度也低。针对这些情况，我结合在国外学到的有机行业知识和国内的市场情况，重新制定了一套商业模式。首先，产品标准采用我们公司长期出口欧美的标准，来做国内有机食品市场。其次，产品必须经过国际最权威的第三方检测机构－SGS检测，产品农残和重金属等不得检出。再次，产品销售采取O2O的运营模式，线上销售为主，线下主要承担展示，品牌宣传，教育市场和消费者的作用。北京周边配备有机农场，会员可体验参观有机种植，体会农耕文明。我还将公司产品经过美国FDA认证，欧洲BRC等国际权威机构认证并受其监督，不用有机概念，按照出口欧美标准宣传和执行。

通过这一些列重新定位，我便开始布局开发北京市场。专卖店的选址也是百费周折，我把北京所有的中高端社区基本走访了一遍。签下房子后开始了设计、装修等一系列工作。白天要带着员工去社区做推广，搞宣传，引客流。晚上又要去货源补充货品，做线上的推广，网上商城的创建和微信公众号的定期更新，每天都忙得不亦乐乎，再次体会到创业实属不易。经过一段时间的努力，会员数量迅速增长，慕名而来的客户也是越来越多，大家口口相传，对我们的产品很是认可。

休学一年后，我又重回美国完成了最后一年的大学课程。大学毕业后，同学有的留在美国，我怀着对朋友、家乡和祖国的热爱，毅然决然地选择回国。在继续布局规划国内有机产业的同时，也开始接触父亲经营了近20年的蔬菜深加工出口产业。

笔者：当你进入家族企业后肯定有了很多新的思考与认知。

陶晓明：是的，进入企业后，我发现产品质量和食品安全是父亲经营企业一直坚守的根本。这种工匠精神践行是他在这个行业越做越大的首要原因。从蔬菜源头开始，严把质量关，公司销售市场从单一的韩国市场扩展到欧美日韩澳等30个国家，市场供不应求。但同时，我也发现企业在库存和压货等问题上占用资金大，由于所处的行业问题，库存通常能到5 000万元以上。对于民营企业来说，这种流动资金的占压导致企业经营成本升高。为了解决这个问题，我在网上做了大量的调查，并陆续出国参加欧美各国的食品展会，参观国外同类型企业，最终找到了一条适合我们企业发展的新模式。

根据企业自身优势，我们共同确定下一步发展目标：在扩大和稳定国外市场的同时，逐步开发国内安全食品市场，打造中国的“中央加工厂 + Whole Foods”模式，转型做蔬菜鲜切中央加工厂和逐步搭建国内的有机食品销售平台。目前国内的蔬菜损耗大，加工率低，餐饮机构和食堂既要负担蔬菜采购，还有后期的清洗、择菜、切菜等繁重环节，关键还无法保证食品安全问题。我们结合自身优势，将我们种植的欧美标准的安全蔬菜，工厂现代化的加工切割和标准化生产，降低了产品损耗，并且极大地降低库存，提高了产品的周转率，解决了企业的压库存问题的同时也开拓了国内市场。

国内现在的安全食品领域欠缺高端品牌，我希望在对企业原有的品质标准和“工匠精神”上进一步拓展，打造国内的“Whole Foods”——最知名的有机食品销售平台。为解决食品安全问题尽一份绵薄之力。

2017 年国家一号文件中提到，重点扶持国内的食品深加工企业和有机食品行业。这一点与我们的企业定位完全吻合，虽然企业在经历着短期资金紧张等问题，但是我也相信，在国家政策的扶持和对老一辈企业家精神的继承、创新的新形势下，我作为新一代的继创者，一定会更好地结合国内外的先进技术，更好地把企业发展壮大！

思考：你曾对企业的产品有过创新吗？

观古鉴今

同仁堂：用产品奠定百年基业

清康熙八年（1669 年），祖籍浙江宁波慈溪的乐显扬在北京创办同仁堂药室。

1706 年，乐显扬的三儿子乐凤鸣在宫廷秘方、民间验方、家传配方基础上总结前人制药经验，完成了《乐氏世代祖传丸散膏丹下料配方》一书，丰富、创新了同仁堂的产品，走在了行业的前列。

例如，制作乌鸡白凤丸的纯种乌鸡选材都要严格把关，一旦发现乌鸡的羽毛骨肉稍有变种蜕化即予以淘汰。精心喂养的乌鸡质地纯正、气味醇鲜，其所含多种氨基酸的质量始终如一，保证了乌鸡白凤丸的产品质量。

为保证产品，除处方独特、选料上乘之外，严格精湛的工艺规程是十分必要的。如果炮制不依工艺规程，不能体现减毒或增效作用，或者由于人为的多种不良因素影响质量，不但会影响药效，甚至会使良药变毒品，危害患者的健康和生命安全。同仁堂的药品，从购进原料到上市，共有上百道工序，加工每种药物的每道工序，都有严格的工艺要求，投料的数量必须精确，各种珍贵细料药物的投料误差控制在微克以下。例如，犀角、天然牛黄、珍珠等要研为最细粉，除灭菌外，要符合规定的罗孔数，保证粉剂的细度，此外还要颜色均匀、无花线、无花斑、无杂质。

思考：你如何理解工匠精神？

第三节　保障路径——管理创新

重点提示：管理创新包括管理思想、管理理论、管理知识、管理方法、管理工具等的创新。以企业职能部门的管理而言，企业管理创新包括研发管理创新、生产管理创新、市场营销和销售管理创新、采购和供应链管理创新、人力资源管理创新、财务管理创新、信息管理创新，特别是基于传承的企业治理创新。

继创者如何提高管理创新能力？

1. 创造一个发现问题、解决问题的文化。

2. 善于学习其他组织的创新管理方法。
3. 不脱离自身企业的实际情况。
4. 利用外部智力来落实新方法。
5. 时刻保持管理创新的习惯。
6. 善于体会父辈的管理精髓与实践经验。

对话

甲：继创者进行管理创新的最优路径有哪些？

乙：立足自身知识基础，借助上一代的管理智慧与企业外部智力（企业顾问、咨询师等）相结合的模式，是最有效的管理创新路径。

甲：如果继创者接手了上一代的企业该如何进行管理的创新？

乙：首要的是进行公司治理结构的创新与转型，要确定股权结构；强化公司内部的监督约束机制；对公司经理层进行有效的激励和约束；重视员工在公司治理中的作用；优化完善股东大会、董事会、监事会、总经理办公会等机构。

案例思考

管理模式新样本：创客空间入驻新申亚麻

江苏吴江新申集团是国内亚麻行业的龙头企业，也是一个家族企业。在2016年的亚麻面料新品开发时完全颠覆了以往的思维定式，甚至打破了行业惯例。每一件服饰都经过精心设计、剪裁，既凸显亚麻的舒适和环保，又将潮流元素和亚麻文化融入其中，打造符合时尚美学又彰显自然健康的生活态度。这得益于新申亚麻的创客空间平台，一个创意产业的管理模式新样本。

业内人士都知道，亚麻市场过去一直有一个断层，消费者在市场上找不到心仪的亚麻产品，而厂家即便有好产品，也不知道如何展现给消费者。这让消费者和厂家对亚麻终端产品的认识和生产无法统一。

在这样的背景下，新申集团董事长李建峰萌生了打造“新申亚麻创客空间”的想法，让草根创业者们有一个线上、线下互相打通的平台，与设计师、亚麻创客互动、交流、合作、共享，充分发挥新申亚麻纺纱、织造、成品设计的全产业链优势和品牌影响力，帮扶亚麻创客，发挥设计师及创客等群体在创意、设计方面的长处，为消费者带去更多精彩的亚麻创意生活方式。

对于众多创客来说，在“新申亚麻创客空间”不仅可以上网聊天、进行头脑风暴，还可以找到自己需要的人才和匹配的资源，去寻找别人没有发现的商机，创业与创富有了更多可能。

“茶馆的经营之道，就是把水烧开，泡上茶叶一起卖，赚的不光是茶叶钱。”李建峰说，“新申亚麻创客空间”目前所做的，就是为创客提供优质的创业环境，把年轻人的创业想法集中起来，孵化其中可行的想法。同时，新申也鼓励支持企业内部员工、外部设计师团队、有激情有能力的青年创新创业，免费提供亚麻面料整体解决方案和各种合作资源，挖掘创业苗子、有潜力的创业个人，帮新申产品做营销分析，孵化更多优秀的亚麻终端品牌，不断提升亚麻的市场份额，让更多消费者了解亚麻、喜欢亚麻、享受亚麻，推动亚麻产业创新。这种企业管理的新样式可以极大地释放员工活力，催生创意经济。

据悉，在淘宝举办的首届亚麻购物节上，仅“新申亚麻创客空间”中的3家亚麻创客，在短短3天内，各自的单日销量均突破万件。如果折算成面料，3天累计“协助”新申卖布10万多米。

“新申不仅提供给我们优质亚麻纤维面料、优秀服装品牌设计和亚麻面料流行趋势，还帮我们打通了从面料到成衣的产业链。”“麻客店小二”徐周良说，创客们赚得盆满钵满的同时，并没有为此次营销活动投入一分钱。同时，这个活动也吸引了更多青年参与创业，为创业创新带来新活力。

新申的创新实践，体现了互联网基因给传统产业带来的变革，互联网打破了原来传统的单向营销、管理模式，不仅助推传统亚麻产业转型升级，更从供给侧结构性改革的角度出发，符合创新、协调、绿色、开放、共享的发展理念。

如今，“新申亚麻创意园”已将这样的模式延伸到亚麻服饰、家纺等生活领域，通过自身完整的产业链优势、品牌影响力打造平台效应，并通过优质的亚麻面料、成品设计等，携手淘宝网等平台帮助亚麻创客发声。据测算，2016年“新申亚麻创客空间”的销售收入将超1亿元。

思考：你的企业在管理创新上是否引入了互联网思维？

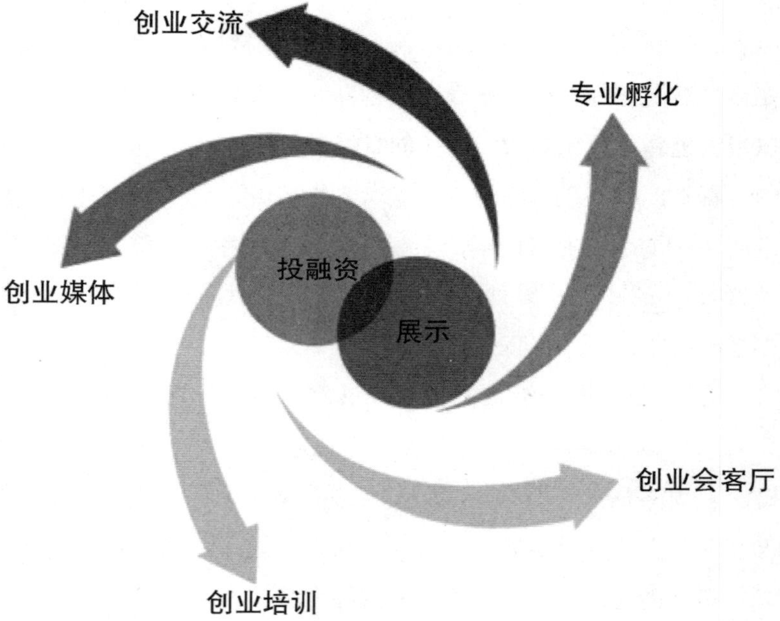

图 4-5　创客空间运营模式

案例思考

在继承中创新——山东滕州仇氏兄弟

仇兴东，37 岁，山东滕州人，山东辛化硅胶有限公司总经理。

仇兴亚，35 岁，山东滕州人，山东辛化硅胶有限公司副总经理。

山东辛化硅胶有限公司是致力于无机硅化物设计、制造、研发于一体的综合性公司，由仇荣林先生创建于 1993 年。20 多年来，仇荣林董事长带领全体辛化人，面对重重困难，顽强拼搏、攻坚克难、不断开拓，大力推动企业自主创新，在企业市场开拓、强化管理、技术进步、转型升级、节能减排、循环经济等方面业绩突出，自觉诚信合法经营，积极承担社会责任，树立了良好的公众形象，为推动地方经济平稳健康发展做出了突出的贡献。2010 年 12 月，企业被山东省工商联评为“山东省最具发展潜力民营企业”。现年产硅胶系列产品 8 万吨，硅酸钠 30 万吨，是全国最大的高档硅胶生产企业。

与此同时，企业也进入了传承期，仇荣林先生的两个儿子仇兴东、仇兴亚经过多年历练，逐渐走到了企业经营管理的前台。仇兴东和仇兴亚兄弟在大学毕业伊始，都选择了远离父母，自主择业。在外独自打拼的过程虽然辛苦，但是自身能力却得到了很快的提升，眼界也得到了拓展。回到自家企业以后，弟兄两个把多年积累的知识应用到了企业的创新升级之中，先后开拓了东亚市场、欧洲市场，立足全局，放眼全球，将公司产品推广到国际市场。弟兄俩都异常重视产品的创新，密切关注和紧随市场脉搏。2003 年，在弟兄俩的带领下，公司承担了国家级的“1.4—萘醌”研究技术课题，他们两个带领技术团队，昼夜攻关，最终获得成功，填补了国内空白。在弟兄俩的带领下，公司先后建立了枣庄市变压吸附硅胶工程技术研究中心和山东省硅胶技术研究中心。2012 年，在弟兄俩的带领下，公司自主设计研发的“环保型无钴蓝色硅胶、高效吸附大孔容 B 型硅胶”产品，其综合技术均达到了国际先进水平。产品远销韩国、日本、澳大利亚、美国、德国、西班牙、马来西亚等七十多个国家和地区。

思考：你认为传统制造业的创新路径在哪里？

观古鉴今

革新图强的贞观之治

唐太宗李世民即位后，因亲眼看见大隋的兴亡，农民战争瓦解隋朝的过程，所以常用隋炀帝作为反面教材，来警诫自己及下属。吸取隋亡教训，纠正前朝之弊端，调整统治政策，在国内厉行节约、使百姓休养生息，以缓和阶级矛盾，稳定社会秩序，恢复经济。开创了贞观之治。贞观之治得益于以下几个方面：

1. 实施分权行政

中国君主专制社会的中央政府组织实行“三省六部制”，但贞观王朝的三省职权划分则初步体现了现代化政治特征——分权原则。中书省发布命令，门下省审查命令，尚书省执行命令。一个政令的形成，先由诸宰相在设于中书省的政事堂举行会议，形成决议后报皇帝批准，再由中书省以皇帝名义发布诏书。诏书发布之前，必须送门下省审查，门下省认为不合适的，可以拒绝“副署”。诏书缺少副署，依法即不能颁布。只有门下省“副署”后的诏书才成为国家正式法令，交由尚书省执行（当时的贤臣魏徵就供职于门下省）。这种政治运作方式很有点类似现代民主制的风格，西方在 17 世纪兴起的分权学说，唐太宗早在一千多年前就已运用于中国的政治体制，进一步说明了贞观王朝的文明程度是何等之高。最为难能可贵的是，唐太宗规定自己的诏书也必须由门下省“副署”后才能生效，从而有效地防止了他在心血来潮和心情不好时作出有损他清誉的不慎重决定。中国历史上出了 853 个帝王，只有唐太宗一人拥有如此杰出的智慧和胸襟。

2. 重视选贤任能

唐太宗知人善任，用人唯贤，不问出身，因此能够从各阶层搜罗许多杰出人才。初期延揽房玄龄、杜如晦，人称“房谋杜断”，后期任用长孙无忌、杨师道、褚遂良等，皆为忠直廉洁之士；其他如李勣、李靖等，亦为一代名将。此外，太宗亦不计前嫌，重用建成旧部魏徵、王珪，降将尉迟恭、秦琼等，人才济济。

李世民十分注重人才的选拔，严格遵循德才兼备的原则。他认为只有选用大批具有真才实学的人，才能达到天下大治，因此他求贤若渴，曾先后 5 次颁布求贤诏令，并增加科举考试的科目，扩大应试的范围和人数，以便使更多的人才显露出来。由于唐太宗重视人才，贞观年间涌现出了大量的优秀人才，可谓是“人才济济，文武兼备”。正是这些栋梁之材，用他们的聪明才智，为“贞观之治”的形成做出了巨大的贡献。

3. 从谏如流

唐太宗重用人才，虚怀纳谏，得人善任，从谏如流，营造出政治清明的氛围，太宗以炀帝拒谏亡国为戒，即位后尽力求言，他把谏官的权力扩大，又鼓励臣下直谏。朝中以魏徵最能犯颜直谏，太宗多克己善加容纳，又如王珪、马周、孙伏伽、褚遂良皆以极谏知名。唐太宗在位 23 年，进谏的官员不下 35 人，其中魏徵一人所谏前后 200 余事，数十万言，皆切中时弊，对改进朝政很有帮助。

唐太宗能够兼听众议，注意纳谏。其臣下敢于犯颜直谏，形成了中国君主专制社会中少有的良好政治风气。唐太宗善于用人和纳谏，既是贞观之治出现的原因之一，又是贞观之治的重要表现之一。

4. 整饬吏治

太宗十分重视官吏的清廉，曾派李靖等十三名黜陟大使巡察全国，考察吏治；又亲自选派都督、刺史等地方官，并将其功过写在宫内屏风上，作为升降奖惩的依据。另又规定五品以上的京官轮流值宿中书省，以便随时延见，垂询民间疾苦和施政得失，百官遂自励廉能，直接提高政府效率，一时政治清明。

贞观时期是中国历史上基本没有贪污的历史时期，这也许是唐太宗最值得称道的政绩。在唐太宗统治下的中国，皇帝率先垂范，官员一心为公，吏佐各安本分，滥用职权和贪污渎职的现象降到了历史上的最低点。尤为可贵的是，唐太宗并没有用残酷的刑罚来警告贪污，主要是以身示范和制定一套尽可能科学的政治体制来预防贪污。在一个精明自律的统治者面前，官吏贪污的动机很小，贪官污吏也不容易找到藏身之地。防范贪污主要取决于一套科学的政治体制，光靠事后的打击只能取效于一时，不能从根子上铲除贪污赖以滋生的社会土壤。

5. 完善制度

唐太宗在位期间使隋制更趋于完善。如中央朝廷方面延续了三省六部制，特设政事堂，以利合议问政，并收三省互相牵制之效；地方上沿袭了隋代的郡县两级制，分全国为十个监区（道）。此外，行府兵制，寓兵于农；均田制、租庸调制、科举制等皆有所发展。这些措施提高了行政效率，有利于扩大统治基础。他还

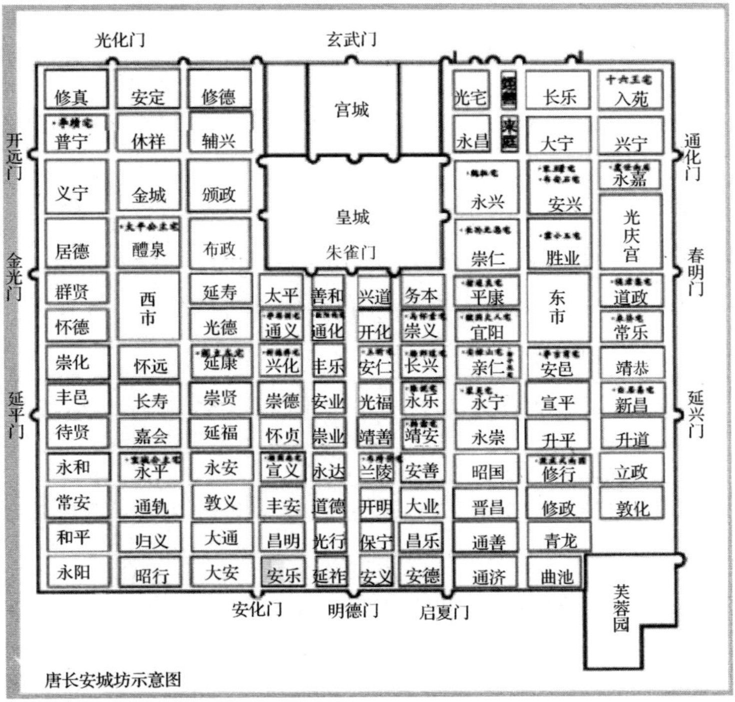

图 4－6 唐长安城坊模拟

下令合并州县，革除“民少吏多”的弊利，有利于减轻人民负担。

思考：为什么很多管理者一开始的革新能力普遍很强，后来却越来越弱？

继创者语录

富润屋，德润身。企业是个人修行的道场，家族幸福的保障。家族企业是爱和力量的完美结合。

——山东辛化硅胶有限公司总经理　仇兴东

忠厚传家远，家和承祖训。知书达理，内心富足平静，在传承中坚守家族事业，在传承中延续家族美德。

——山东辛化硅胶有限公司副总经理　仇兴亚

再专业的职业经理人，也不会像我这样用心去经营这家企业。

——广东高登幕墙门窗技术工程有限公司副总经理　高婉清

一直以来，妈妈就是我生活和工作的榜样，她坚毅又不断拼搏的品格从小就影响了我，激发了我创业的勇气和决心。

——沈阳和佳集团董事长　陈美霖

在传承的过程中，留给我印象最深刻的就是父亲会“放手让我做事情”，留给我足够的发展空间和自由的平台，更加不会限制我，这是我越来越热爱这份工作的主要原因。

——贵州百强集团董事局执行主席　张　沛

第五章

继创者创业的三个关键问题

继创者创业要善于利用自身的资本优势和人脉优势，学会整合和继承盘活父辈的相关资源。

第一节　创业项目的选择

重点提示：正确选择合适的创业项目，是成功创业的最重要基础。所以每一位创业者必须抱有严谨的态度，按照自身的优势条件和资金实力对行业细致分析。

继创者创业项目选择的五大原则：

1. 选择国家政策扶持行业，并具有发展前景行业。
2. 认真做好市场调研，挖掘市场需求。
3. 充分利用自身优势与长处。
4. 量力而行，从小做起、从小利做起。
5. 优先选择与家族企业原产业相关的项目。

对话

甲：怎样了解消费者对产品的需求程度？

乙：创业前一定要做充分的市场调研。消费者有性别、年龄、文化层次、职业等因素的差异，我们可依据这些因素对消费者进行细分，从而让他们细分成一个个消费群体，每一个消费群体就是一个细分市场，也就是我们应该集中精力服务的对象，所以选项目时一定要知道我们服务的对象群体到底是哪些人，他

（她）们对产品（服务）需求的强烈程度如何，需求越强，项目越容易做，需求越弱，项目越难做！

案例思考

走在继承创新的路上——继创者张思杨访谈录

笔者：思杨你好，先做个自我介绍吧。

张思杨：我叫张思杨，1988 年夏天出生于北京市石景山区。作为一名正在努力奋斗中的继创者，我很愿意与伙伴们分享自己的心路历程和所思所想。

笔者：介绍一下你的家庭环境吧。

张思杨：我的妈妈来自一个工人阶级家庭，姥爷曾经是首钢一名优秀的钳工和劳动模范，曾多次作为工人代表接待各级领导的参观与访问，获得很多表彰。后来靠着一手得意的本事成为了改革开放后的第一批万元户。我妈妈大概在我姥爷姥姥三十岁左右的年纪才出生，在那个年代，算是老来得子了，并且是独生子女。在那个独生子女并不多的时代，而且又是家族中第一个孩子，那种娇宠可想而知，在同学吃着几分钱糖块的时候，我妈妈是吃着巧克力长大的。但并没有因为这些因素导致我母亲娇生惯养，她大学毕业后便开始创业，几经起落也算是风风雨雨。2006 年左右为了给我父亲创造更大的发展空间，妈妈告别事业，选择了回归家庭相夫教子。

我的爸爸出生于军人世家，以优异的成绩考入清华大学流体力学系。毕业后做了几年老师，然后进入首钢工作，五年内成为厂长助理，在所有人都认为他前途一片光明的时候，他觉得这份工作不是他追求的目标，毅然下海创业。经历了数次大起大落，1998 年投身环保行业，并向着这一目标不懈努力。爸爸是个目标感极强的人，定下一个目标就绝不转念，有条件上，没条件创造条件也要上。

爸爸也是家中的长子长孙。我就出生在这样一个平凡却又勤奋的百姓家庭。我作为两个家庭的长子的孩子，又是我们这一代最大的孩子，自然也是被数人宠爱中长大。从小所接受的教育，总结为两点：爷爷姥爷那一辈的教导是永远都要站得直，为人正气脚踏实地；爸爸的教育始终都是那八个字的清华大学校训——自强不息，厚德载物。

笔者：这样的家庭环境自然给予你坚实的精神财富。再谈谈你的成长经历吧。

张思杨：自幼全家对于我的期望就是：像我父亲一样，走进清华园。在我的成长中，记得那个地方好像一直是自己必须要去的，还要努力达到目标。

我的确很努力，在往那个方向发展，小学阶段的学习成绩名列前茅，连年被评为三好学生；初中进入中国人民大学附属中学，荣获了多个奖项。中考时，由于非典导致考试时间一直定不下来，在家自学 2 个月，最终因为英语成绩不理想铩羽而归。而正是这一次经历，我也开始有了出国读书的念头。

高中毕业后，17 岁的我奔赴加拿大留学，大学 5 年的生活成了我最宝贵的经历。在很多人眼里，留学生很幸福，因为最基本的就是家庭条件优越，无忧无虑。的确，父母为了让孩子可以更好地完成学业，基本上算是有求必应了，可他们能做的也只是金钱上的帮助。从小就习惯了父母安排好一切，当我走出国门，第一次面对所有的事情都需要自己做决定的时候，那个陌生的环境对父母而言也有难以理解之处。拿最简单的来说，我自己可以选择我的课程，我自己可以决定我用多久的时间毕业。刚刚 18 岁的我，迷茫过，第一次离开父母这么遥远，时常的孤独和无助让自己变得有些自暴自弃。但正是因为这是每个留学生的常态，所以友情变成了支撑我们渡过难关的最大动力。

从大二开始，一切转向正轨，“上课、回家、打工”三点一线，朋友们住的很近，天天一起吃饭出行，生活简单却又充实。让我始终没有料到的是，这些一起吃着一碗泡面，一个比一个苦的同伴，成为了我回国后宝贵的精神财富。

笔者：讲讲毕业以后的经历吧。

张思杨：加拿大过于悠闲的生活让我一度失去了斗志，2011 年 6 月，我决定毕业后回国发展。回国后，没有任何工作经验的我，在身边人的鼓动下投身股市，爸妈可能是为了让我增长阅历，给了我 100 万元启动资金，我始终都记得一个月后，看着账户里赔的只剩一半钱的时候，那种极大的挫败感与冲击力。那 100 万元于我是个数字，我都不知道这些钱取出来放在一起到底能摆多高，就这么一眨眼没了一半，我简直开始怀疑人生了。之后的一年里，每天盘中四小时，盘外四小时，只为研究我的钱是怎么赔掉的，我也知道了没有天上掉下来的馅饼，每一分钱都是拼尽全力挣回来的。一年后我对着爸爸做了一个系统的总结，并向他借了第二个100万元。

做股票每天接触的人并不是很多，慢慢发现这好像并不适合我。2013年中，一个偶然的契机，在爸爸的引导下我开始了创业，成立了现在的公司——北京华清深空环保技术有限公司，主营机动车尾气遥感监测系统。我觉得，金融始终是要回归实体的，实体经济的低迷让我对金融产生了一定的怀疑；另一方面，蓝天白云是我留学生活的主要色彩，也是我的情结，也希望可以为了祖国的蓝天做出一点点微薄的贡献。

创业并不简单，记得第一年的研发期为了赶进度，公司全体员工每天都是不到四小时的睡眠，全年处于无休的工作状态。我很难想象当时是如果度过的，更要感谢家中怀有身孕的爱人那无声的支持。也记得第一次销售后的安装过程，下午两点山东聊城高温40℃的街道上，12个人一直工作到凌晨5点，15个小时施工的疲惫并阻止不了我们完工后在大街上欢呼。3年过去了，现在公司慢慢走上正轨，而我又面临了人生中最大的一次危机——市场的竞争。可是我充满激情与期待，人不就是在逆境中才能飞速成长吗？

笔者：你是怎么看待“继创者”这个概念的？

张思杨：在我的成长过程中，不记得是什么时候网络上出现了一个词汇——“富二代”。一个简单的名词，被赋予贬义。我貌似也变成了其中一员，因为我的父母很努力地为我创造了更好的生活条件以及更便利的成功路径。面对很多人，确实我们可能更容易成功，从经历上以及基础上我们都有着很大的优势。但相应伴随而来的是极大的压力，因为我们不被认可。在别人眼里，成功了得益于父母带来的财富基础，失败了则因为我们本来就没什么本事，只是家里有钱而已。

我也承认，我缺乏前进的动力，因为我不饿，我缺乏真正渴望创造美好生活的原生动力，我有的只是强加给自己要努力向前的心理暗示。我不怕小失败小挫折，但我怕大的失败，因为对于刚刚步入社会不久的我来说，父辈带给我的基础实在太高了，高到我承受不起败北。

在工作中，对内，由于年龄和经历带来的思想上巨大的差异，很难找到那个最合适的管理办法；对外，在与有很大年龄落差的合作伙伴与客户的交往上，很难找到那个最合适的位置，且经验几乎为零，只能以自己的方式慢慢摸索。

对于继创者这个群体，父辈留给我们的财富只是工具，巨大的精神财富以及丰富的经验才是我们这些人最大的优势。在我看来，上一代人很多不善于合作，缺乏契约精神，因为那个年代，就是一个大浪淘沙的开创年代。而我们这一代，我们不善于单打独斗，由于身边的圈子会逐渐精简到一个水平线上，这时候资源共享变成了最快捷最稳妥的途径。

继创者们承担了太大的期望与压力，但我愿不停前行，为了不辜负父辈毕生努力拼搏所创造的财富，为了以微薄之力给祖国的富强做出一点贡献！

思考：你认为继创者创业最大的优势在哪里？

观古鉴今

最优秀的继创者——嬴政

秦国在战国初期原本并不强大，但为何最终横扫六国，一统天下了呢？主要有以下原因。

首先是制度创新。秦国在其国内推行《田律》，从商鞅到秦始皇，秦国始终坚持了这一政策。老百姓在这种政策下，努力从事耕战，从而使秦国国富兵强，为秦始皇的统一六国准备了雄厚的物质基础。

其次是重用人才。秦始皇嬴政手下有许多能征善战的武将，如王翦、王贲、蒙武、蒙恬等都是善于用兵，能征善战的将才；顿弱、姚贾擅长辞令随机应变，精于组织和从事间谍活动；尉缭和李斯又是得力谋士。在战略上继续实行“远交近攻”方针，同时又采取新的战略，即发动针对六国的交往活动。

在秦国举兵攻打六国之时，如同破竹之势，节节胜利。在攻打楚国之时，秦王不听王翦而用李信率领 20 万大军攻打，结果大败而归。又亲自向王翦道歉令其率领 60 万大军攻打，灭掉楚国。可以看出秦始皇对人才的珍惜和重用，以及他治国的才能。在灭掉六国后也没有杀一个功臣，可见他的雄才大略。

公元前 221 年，秦灭掉了齐国，统一中国。可以说，嬴政是当时最优秀的继创者。

思考：你的团队中有多少人才？

第二节　创业失败的原因

重点提示：对于继创者创业来说，资金绝不是主要问题。关键是要详细了解市场需求、详细了解市场需求、详细了解市场需求。“重要的事情说三遍。”

根据企力智库的调查显示，创业失败最常见的 20 个原因包括：

1. 不了解市场需求（42%）。
2. 现金流不充足（29%）。
3. 低效率的团队（23%）。
4. 对竞争对手缺乏了解（19%）。
5. 没有控制好成本（18%）。
6. 产品设计不到位（17%）。
7. 商业模式滞后（17%）。
8. 营销策略不科学（14%）。
9. 对客户的忽略（14%）。
10. 没有把握正确的时机（13%）。
11. 不够专注（13%）。
12. 与投资人沟通不畅（13%）。
13. 战略方向出现偏差（10%）。

14. 创业激情不足（9%）。

15. 创业地选择失误（9%）。

16. 融资渠道狭窄（8%）。

17. 法律风险意识淡薄（8%）。

18. 忽视互联网效应（8%）。

19. 心理承受力不足（8%）。

20. 转型升级失败（7%）。

对话

甲：如何避免错误的团队？

乙：要避免这个错误，就是要非常、非常、非常用心地挑选共同创办人或者团队成员。一旦发现不合适，则要尽早处理。

甲：团队没有经验怎么办？

乙：最好的办法就是先去初创公司或者其他的一些公司工作，学到一些经验，知道公司基本的一些流程，然后再开辟自己的路。

案例思考

一位继承者的3次失败创业

第一次创业头破血流，宿舍楼里摆摊一个月亏了3 000元。

海啸家在云南昆明，家里排行最小，备受宠爱。家里经济条件优越，他从来不为钱而发愁，中学期间，一个月的零花钱也有两千元左右，家里还早早地为他安排了今后的人生发展道路。家里人规划，让他在云南念几年大学，想挣钱就跟着家人做生意，想轻松点就到政府机关当公职人员。

但高考时，海啸却有了到异乡读书的念头，最终他被西南民族大学数学系录取。“家里给安排好的规划全被打乱了，父母非常不理解。”海啸一意孤行来到四川。眼看着劝说不行，家里就对他采取“经济制裁”，“起初每月给我500元生活费，后来缩减到100元”。

“这时我就想着自己一定要经济独立起来。”于是，海啸加入了学校的大学生创业协会，学习如何运作社团，怎么做活动策划，如何与企业谈判合作。有了一些实践经验，他盘算着自己做点小买卖，补贴生活。

大二时，海啸与社团朋友一起借了几千块钱，到荷花池批发了一些日用品和食品，在每层宿舍楼找个负责人，专卖他们的东西。“当时想从每个学生身上赚一元钱，两万个学生就能赚两万块。”海啸说，当时想法很幼稚，也没有很好地控制风险，有时还会有损坏和退货。一包饼干总利润就几毛钱，还要给别人提成。遇到货物积压或质量问题，因为没跟商家协商好，又无法退货。一个多月投入了8 000元，亏了3 000多元。第一次摆摊小买卖就碰得头破血流。

第二次创业半路夭折，创办校园网两万元赞助打水漂。

摆摊失败，海啸继续在学校协会工作，大二时帮很多企业入校做宣传，收入也高了起来。当时学校有个二手市场网站，开办不久就被关了。“我们想趁机把人气挖过来，策划成综合性网站，购物、开店、二手淘宝等。还可以联合校园周边商家，提供餐饮娱乐打折信息。商家可以在网站做广告，我们发行会员打折卡。”大三开始，海啸从社团挖了几个人开始策划。“当时校内网和淘宝网都很火，我们就取了个名字‘校内巴巴’。”

由于不懂技术，海啸只得在外找人帮忙。第一个网站做出来很失败，乱七八糟的。又找了一个人设计，没想到他是抄袭别人的。折腾了将近三个月时间，网站才有了雏形。测试完毕后，“当时资金很困难，我就到处找业务，和上海一个游戏公司谈了很久，终于有了 2 万元金额的合作”。没想到“5·12”地震突发，合同打了水漂，耗费几千元印刷的 DM 单也被迫搁置。等一切理顺时，宣传资料已经过期。到了大四上学期，由于忙着毕业，根本没时间做网站，最终，花了不少心思才刚刚启动的网站只得关闭。

第三次创业无奈关闭，跟风开格子铺没想到突遇拆迁。

大四的时候，除了忙着毕业论文外，海啸也开始找工作。“我认真做了简历，把自己在社团担任副社长、为众多企业策划成功案例和自己的创业故事等都写了进去。”海啸说，当时没想着非要找份工作，就是想证明一下自己是否被人认可。海啸挑选了七八家感兴趣的企业投送简历，没想到一个面试机会都没有。“当时真的备受打击，完全没想到。”有一次，公司主管看了看海啸的简历摇了摇头说：“你的经历确实丰富，但你的可塑性不强，不稳定性太高，我们需要培养自己的人才。”

在即将毕业时，备受打击的海啸看到了市场上流行格子铺，很多朋友也提议他开个店。“我们几个人出资，我是大股东，在西南民大航空港校区附近选了店铺。”海啸说干就干，签了一年合同，并着手装修店铺。经过三个月准备，正式开店了。但万万没想到，只开了一个月，就遇到营业房片区要拆迁。无奈之下，格子铺只能关闭。

思考：你认为这位继创者三次创业都失败的原因是什么？

图 5－1　分析创业失败漫画

第五章
继创者创业的三个关键问题

观古鉴今

王莽为什么会失败?

公元 8 年的一天，王莽当上了皇帝。持续两百多年的西汉王朝结束了。当时长安城内外，一派喜气洋洋，百姓自发地穿上新衣，大事庆祝。

一个叫作“新朝”的政权出现了，王莽要在广阔的天地里大展宏图了。

新朝的政令如 F1 赛车场上的赛车一样，嗖嗖地从朝廷发车，瞬间抵达全国。

农民和农业，是国之根本，也是王莽首先要改革的方面。秦汉以来，地方豪强对土地的兼并愈演愈烈，贫富差距日益扩大。王莽认为，上古时代人人富足，是因为土地均等。因此他规定，人均土地 100 亩，多占土地的人家，不管是富豪巨室还是普通百姓，立刻要无条件交出土地，分给贫民，土地不许买卖抵押。

冻结奴隶制度，禁止买卖奴隶婢女，限制奴隶的范围和数目不再扩大，使这个奴役制度最后自然消灭。

强迫人们劳动，凡无业游民，每人每年罚布帛一匹；无力缴纳的，由政府强迫他们劳役，在劳役期间，由政府供给衣食。

实行官府专卖制度，酒专卖，盐专卖，铁器专卖，山上、水中的天然资源，也都为国家所有，由政府开采。

由中央政府统一发行货币。建立“国家银行”，贫苦百姓可以申请国家贷款，年息为1/10，杜绝高利贷对百姓的盘剥。

由政府控制物价，防止商人操纵市场，以消除贫富不均。粮食布帛之类日用品，在供过于求时，由政府按照成本收购；求过于供时，政府立刻卖出，以阻止物价上涨。

从皇帝到百官，全都实行浮动工资制。如果天下丰收，皇帝就享用全额的生活费，如果出现天灾，或者治理不当，就按比例扣减生活费。百官的工资也根据百姓的生活水平浮动。百姓丰衣足食，官员工资就高；百姓饿肚子，官员也要跟着挨饿。

这些政令合起来看，就是一个惊天地、泣鬼神的大棋局，王莽是一位高瞻远瞩的棋手，在下一盘很大很大的棋。

靠人品行走江湖的王莽绝对是个一等一的好人，但是论经营天下的棋艺，就不那么精妙了。

比如，平均分配土地这一条，酷似某些农民起义军喊出的“均贫富、等贵贱”“打土豪、分田地”的口号，目的是让耕者有其地，让没有土地的人拥有土地。然而，地主豪强是西汉统治阶层的中坚力量，他们拥有大量的土地，土地是他们的命根子。现在让他们把土地交出来，简直是与虎谋皮，这让他们以后还怎么混？

地主豪强拒绝交出土地，于是王莽就霸王硬上弓，谁不听话就抓起来，不论是皇亲国戚还是名门望族，都到监狱里去反省。很快，监狱就满员了，可是监狱外的地主豪强还是“要地不给，要命有一条”的态度。王莽直接挑战了王朝的统治力量。

建立国家银行、货币改革也是不靠谱的政策。王莽的本意是杜绝民间高利贷现象，出发点是很好的。民间高利贷由于不受国家法律的保护，所以往往依靠暴力来运转，许多借贷人的生命受到威胁，如果能通过国家银行合法借贷，对借贷人的确是有利的，这将是社会的进步。但是，国家银行最宝贵的基础是国家信用，必须维护货币的稳定，必须用法律来界定和保护借贷双方的权益。

王莽只是一味胡来，他在很短的时间里 5 次改革货币制度，另外造了 28 种货币，甚至连乌龟壳、贝壳和布也都成了货币。货币都如此混乱，何谈银行体系的信用呢？每改革一次货币制度，发行新货币，老百姓的财富就缩水许多。为老百姓服务的政策就这样把老百姓推向了赤贫的深渊。

地主豪强站到了王莽的对立面上，下层百姓因为民不聊生也站到了他的对立面，昔日的“大众情人”一下子变成了国民公敌。各地豪强纷纷率众起兵，反抗王莽的新政。有人统计，在起兵反对王莽的义军首领中，普通百姓出身的占 29%，而豪强地主出身的占 71%。

苍天也没有因为王莽的眼泪而心生怜悯。公元 23 年，王莽被攻入长安城的起义军杀死。

思考：你是否有失败的创业经历？原因是什么？

第三节　编写创业计划书

重点提示：对于继创者来说，一份优秀的创业计划书是继创者说服父辈和主要团队成员的最有力的工具，更是自己的创业指南。

如何编写创业计划书？

1. 了解市场

创业计划书要给投资者提供企业对目标市场的深入分析和理解。要细致分析经济、地理、职业以及心理等因素对消费者选择购买本企业产品这一行为的影响，以及各个因素所起的作用。创业计划书中还应包括一个主要的营销计划，计划中应列出本企业打算开展广告、促销以及公共关系活动的地区，明确每一项活动的预算和收益。创业计划书中还应简述一下企业的销售战略。

2. 关注产品

在创业计划书中，应提供所有与企业的产品或服务有关的细节，包括企业所实施的所有调查。这些问题包括：产品的市场前景分析、它的独特性怎样？企业分销产品的方法是什么？产品的生产成本是多少？售价是多少？等等。企业发展新的现代化产品的计划是什么？把出资者拉到企业的产品或服务中来，这样出资者就会和创业者一样对产品有兴趣。在创业计划书中，企业家应尽量用简单的词语来描述每件事——商品及其属性的定义对企业家来说是非常明确的，但其他人却不一定清楚它们的含义。

3. 表明行动的方针

企业的行动计划应该是无懈可击的。创业计划书中应该明确下列问题：企业如何把产品推向市场？如何设计生产线？如何组织产品结构？企业生产需要哪些原料？企业拥有哪些生产资源，还需要什么生产资源？生产和设备的成本是多少？企业是买设备还是租设备？解释与产品组装、储存以及发送有关的固定成本和变动成本的情况。

4. 敢于竞争

在创业计划书中，创业者应细致分析竞争对手的情况。要明确每个竞争者的销售额、毛利润、收入以及市场份额，然后再讨论本企业相对于每个竞争者所具有的竞争优势，而且要向投资者展示自身的优势。创业计划书要使它的读者相信，本企业不仅是行业中的有力竞争者，将来还会是确定行业标准的领先者。在创业计划书中，企业家还应阐明竞争者给本企业带来的风险以及本企业所采取的对策。

案例思考

他用 VR 内容打动徐小平和李开复

2014 年 10 月，黄庄和联合创始人陈曦一起成立了“脑穿越”。2015 年 4 月前，他们利用安卓系统、Unity 3D 引擎研发出一款跑酷类游戏《VR Space Traveler》，一款恐怖体验游戏《VR Horror House》。

“脑穿越”团队还开发了一款 VR 大厅应用。应用中，用户可视觉控制准星，注视 3 秒后即可直接切换内容，不再需要反复戴上、脱下头盔，拿出手机切换。

2015年7月，“脑穿越”的VR大厅开发成功。黄庄回到此前工作过的创新工场，想让李开复帮忙“查验”。

当天，黄庄有些忐忑。“那时我们的交互和操作指引做得不是很好，产品也还不够精致。”但等黄庄询问时，李开复不靠指点，就已点开大片观看。看到一个全景视频时，不由蹦出一句“不错哦”。“这时我的心才算落了地。”之后，李开复提议：把产品做得更完整些，将商业计划描绘得更清晰些。“这时我确定了路径：坚持不做硬件，在VR内容上走B2C模式，上游面向手机厂商，下游直接面对C端用户。”

9月，黄庄与真格基金搭上了话。16日，黄庄和另一位联合创始人王文豪来到北京耶鲁中心，参加真格的Demoday路演。路演项目很多，黄庄打听一番，觉得有些心急。“一个下午都在听项目，大家肯定都疲了。”“快来快来。”此时，急于出门的徐小平招呼黄庄、王文豪二人进来。进门后，黄庄让徐小平直接戴上VR，试用产品。“他性子急，试了一下之后放下VR，说了一句‘好好，我知道了，知道了’，直接夺门而出。”黄庄一个箭步跟上，抢在另一名创业者之前和徐小平进了电梯。他突然想起了那句著名的话：“要学会在电梯间内打动投资人。”“我想利用手机这种寻常物件，让屌丝也能用上VR。”“那硬件呢？硬件怎么解决？”“硬件是生态的一部分，我不能做，但我相信，东莞那些人肯定会把手机VR硬件做到亲民的价格。这时用户门槛低了，加上手机不断更新换代，我们也就能体现出价值了。”

走出电梯，黄庄跟着徐小平跑到了旋转门外。“他看着我，点点头，说了句‘不错’，然后直接钻进他的红色特斯拉，开走了。”

黄庄没有多想，直接回到现场，拿出6个VR给投资经理试用。“他们开了一天的会，都在回微信，我就给美女看风景，给男士看美女。”暖场后，黄庄顺势讲出自己的商业计划，得到了认可。

思考：你能否在3分钟内讲清楚你的创业计划？

观古鉴今

两位继创者的共谋——草庐一对定天下

公元207年冬至208年春，当时驻军新野（河南南阳新野县）的汉室宗亲刘备在徐庶建议下，三次到南阳城西卧龙岗拜访世家子弟诸葛亮，但直到第三次方得见。

见到诸葛亮后，刘备叫旁边的人避开，说：“汉朝的统治崩溃，董卓、曹操先后专权，皇室遭难出奔。我不能衡量自己的德行能否服人，估计自己的力量能否胜人，想要为天下人伸张正义，然而智谋浅短、办法很少，就因此失败，弄到今天这个局面。然而我的志向到现在还没有罢休，我应当怎么办呢？”

诸葛亮回答道：“自董卓篡权以来，中土各地豪杰纷纷起兵，占据州郡的数不胜数。曹操与袁绍相比，名声小，兵力少，但是曹操能够战胜袁绍，从弱小变为强大，不仅是时机好，而且也是人的谋划得当。现在曹操已拥有百万大军，挟制皇帝来号令诸侯，这的确不能与他较量。孙权占据江东，已经经历了三代，地势险要，民众归附，有才能的人被他重用，孙权这方面只可以以他为外援，而不可以谋取他。荆州的北面控制汉、沔二水，一直到南海的物资都能得到，东面连接吴郡和会稽郡，西边连通巴、蜀二郡，这是兵家必争的地方，但是他的主人刘表不能守住，这地方大概是老天用来资助将军的，将军难道没有占领的意思吗？益州有险要的关塞，有广阔肥沃的土地，是自然条件优越，物产丰饶，形势险固的地方，汉高祖凭着这个地方而成就帝王业绩。益州牧刘璋昏庸懦弱，张鲁在北面占据汉中，人民兴旺富裕、国家强盛，但他不知道爱惜人民。有智谋才能的人都想得到贤明的君主。将军您既然是汉朝皇帝的后代，威信和义气闻名于天下，广泛地罗致英雄，想得到贤能的人如同口渴一般，如果占据了荆州、益州，凭借两州险要的地势，西面和各族和好，南面安抚各族，对外跟孙权结成联盟，对内改善国家政治；天下形势如果发生了变化，就派一名上等的将军率领荆州的军队向南阳、洛阳进军，将军您亲自率领益州的军队出击秦川，老百姓谁敢不用竹篮盛着饭食，用壶装着酒来欢迎您呢？如果真的做到这样，那么汉朝的政权就可以复兴了。”

诸葛亮为刘备分析了天下形势，提出先取荆州为家，再取益州成鼎足之势，继而图取中原的战略构想。正是在这一战略决策指导下，刘备建立了蜀汉，与孙吴和曹魏成三足鼎立之势。

思考：你认为刘备能够创业成功主要靠什么？

继创者语录

我的确是“二代”，因为我的企业启动资金由家里全额提供。但如何运用好金钱，在创办发展企业时打一手好牌，使自己对得起家人的给予，才是最最重要的。

——浙江佳友生物科技有限公司董事长　陈焰

做事的时候其实想不到太多，在我心目中的天平上，一头是创业的激情，一头是自我的突破，如果两者不平衡的话，就会很挣扎。这么多年来，我经历了很多，失去了很多，但得到的更多。更多时候其实是在跟自己做斗争。

——四川省点点拿网 CEO　庞明锋

创业不易。作为一个创业者，首先要理解国情社情，学会为人处世。我时刻记着父亲的教诲：“做事先做人，人做好了，事情自然就容易解决了。”

——广东环亚集团副总裁　王湧钧

2011 年，在父母的要求下，我回国了。但我并没有选择回渝接班，而是先在北京一家证券公司找了一份投行的工作。我当时完全是抱着学习的态度，也体验一下当北漂是什么感觉。在北京时，我全部靠自己打拼，甚至住地下室。从中，我学到了很多。

——重庆阿兴记产业集团董事、副总经理　毛鸿杰

致 谢

本书得以问世，要感谢下列人士的关心和协助：

十届全国工商联副主席、中国下一代教育基金会副理事长、继创者学院院长沈建国同志对继创者健康成长事业给予的高度重视。

中国民营经济研究会家族企业委员会秘书长赵兹先生的勉励。

林泽炎博士、刘靖民先生和李红霞女士对书稿结构与理论体系框架提出的意见。

许先锋先生绘制的图表为本书增添了亮色。

张仪村路 98 号院的家人们共建了和谐幽雅的生活、写作环境。

最后感谢我的父母、妹妹和妻子等诸位家人和朋友，是他们的理解与支持，才能让我更静心地从事研究工作。

杨宗岳

2016 年 11 月 12 日